왜 항우와 유방은 홍문에서 만났을까?

교과서 속 역사 이야기, 법정에 서다

11
역사공화국
세계사법정

항우 vs 유방

왜 항우와 유방은 홍문에서 만났을까?

글 신동준 · 그림 안희숙

|주|자음과모음

시대가 영웅을 낳듯이 난세(亂世)에는 여러 인물들이 나타나 천하의 패권을 놓고 치열한 다툼을 벌이기 마련입니다. 중국 역사상 가장 혼란스러웠던 '3대 난세'로는 기원전 8세기부터 기원전 3세기까지의 춘추 전국 시대, 220년부터 280년까지의 삼국 시대, 1840년 제1차 아편전쟁 발발 이후 1949년 중화 인민 공화국이 수립되기까지의 청말 민국 시대를 들 수 있습니다.

그러나 이들에 버금가는 또 하나의 난세가 있습니다. 바로 초한지제(楚漢之際)가 그것입니다. 이는 기원전 210년 진시황 사후부터, 유방이 한 제국을 세우고 세상을 떠나는 기원전 195년까지의 대략 16년간에 해당합니다. 이 시기에 초(楚)나라의 항우(項羽)와 한(漢)나라의 유방(劉邦)이 천하의 패권을 놓고 다투었지요. 물론 초한지제는

5백여 년에 걸친 춘추 전국 시대와 1백여 년 간에 걸친 삼국 시대, 청말 민국 시대와는 비교할 수조차 없이 짧은 기간입니다. 내용 또한 유방과 항우의 대결이라는 매우 단조로운 구조로 이루어져 있지요.

그럼에도 불구하고 초한지제는 오랫동안 많은 사람들의 관심을 받아 왔습니다. 그 이유로는 크게 두 가지를 들 수 있을 것입니다. 우선 초한지제에 등장하는 인물들이 여러 난세 못지않게 다양하다는 점입니다. 중국 역사를 통틀어 초한지제처럼 짧은 기간에 여러 인물이 등장하여 천하 통일의 대업을 놓고 용호상박(龍虎相搏)의 대결을 펼친 적은 없었습니다. 현재 통용되고 있는 수많은 고사 중 상당수가 초한지제를 배경으로 하고 있는 것도 결코 우연이 아닌 것입니다.

다른 한 가지 이유로는 귀족 출신인 항우와 평민 출신인 유방의 대결 구도를 들 수 있습니다. 많은 사람들은 평민 출신인 유방이 귀족 출신인 항우를 누르고 천하를 거머쥔 사실에 큰 관심을 보여 왔습니다.

지금까지 항우는 장수로서의 자질이 훌륭했고, 유방은 군주로서의 자질이 훌륭했다고 평가되었습니다. 그러나 21세기에 들어와 초한지제를 새롭게 해석하는 움직임이 크게 일고 있습니다. 이와 함께 영웅적인 모습을 보인 항우의 인기가 치솟고 있지요. 이런 흐름에 고무된 항우는 마침내 2천여 년의 침묵을 깨고 유방을 상대로 '초한지제 주역(主役) 확인의 소'를 제기하였습니다. 초한지제의 진정한 주인공이 누구인지를 가려 달라는 것이지요.

왜 항우와 유방은 홍문에서 만났을까?

과연 초한지제의 진정한 주역은 누구일까요? 새로운 제국을 세운 유방일까요, 아니면 비록 패하기는 했지만 시종일관 영웅적인 모습을 보인 항우일까요? 역사공화국 법정에서 벌어지는 양측의 치열한 공방전을 통해 나름대로 판단해 보시기 바랍니다.

신동준

차례

진이 멸망한 뒤 중국이 혼란해졌으나, 한의 유방(고조)이 초의 항우를 물리치고 중국을 다시 통일하였다. 기원전 202년의 일이다. 한은 무제 때에 이르러 국력이 크게 팽창하였다. 무제는 중앙 집권적 지배 체제를 강화하고 유학을 통치 이념으로 삼았다.

중학교	역사	VII. 통일 제국의 등장 1. 중국의 통일 제국, 진과 한 　(3) 중국 문화의 기틀을 다진 한

진 멸망 이후 한의 유방과 초의 항우가 세력을 다투었는데 여기에서 비롯된 놀이가 바로 '장기'다.

진은 기원전 221년에 중국을 통일하였고, 진의 진시황은 만리장성을 쌓고 군현제를 실시하는 등 나라를 안정시키고자 하였다. 하지만 지나친 폭정으로 진시황이 죽은 뒤 각지에서 반란이 일어나 진은 멸망하게 된다. 이 때 항우가 권력을 일시 장악하고 봉건제를 부활하였지만 유방에게 패하고 만다.

고등학교	세계사	II. 도시 문명의 성립과 지역 문화의 형성 3. 중국 문명의 성립 (3) 진·한 제국

2003년에 제작된 장이모우 감독의 영화 〈영웅〉은 전국 시대 천하 통일을 하려는 진과 다른 6국 사이의 모습을 살펴볼 수 있다. 초, 제, 연, 위 등의 다른 여섯 나라와 진의 긴장 관계를 짐작할 수 있다.

기원전

563년   석가모니 탄생

552년   공자 탄생

496년   월왕 구천이 오왕 합려를 격파

494년   오왕 부차가 월왕 구천을 격파

221년   진시황, 중국 통일. 만리장성 축조

210년   진시황 사망

209년   진승·오광의 난 일어남

202년   한 건국

157년   오·초 7국의 난 일어남

108년   한사군(漢四郡) 설치

97년   사마천, 『사기』 완성

기원후

23년   후한(後漢) 왕조의 성립

184년   황건적의 난 일어남

기원전

450년경   송화강 상류 일대에 부여 성립

300년경   철기 문화 시작
            연나라의 고조선 침입

200년경   삼한 시대 시작

194년   위만 왕조 성립

109년   한 무제, 고조선 침략

108년   고조선 멸망

57년   신라의 시조 박혁거세 즉위

37년   주몽, 고구려 건국

18년   온조, 백제 건국

기원후

42년   김수로, 가야 건국

194년   고구려, 진대법 실시

원고 항우 (B.C. 232년 ~ B.C. 202년)

나는 서초의 패왕으로 천하를 호령했던 항우요. 진 제국을 멸망시키고 팽성에 도읍을 정한 뒤, 유방을 포함한 18명을 왕으로 봉하고 패왕의 자리에 올랐소. 그러나 훗날 유방의 계략에 빠져 결국 패하고 말았소.

원고 측 변호사 제왕도

나는 역사공화국의 변호사 제왕도입니다. 비열한 방법으로 황제가 된 유방의 실체를 낱낱이 파헤치겠습니다. 기대해 주십시오.

원고 측 증인 **항량**

나는 항우의 작은아버지요. 초나라 명문 출신으로, '진승·오광의 난'이 일어날 당시 봉기해 진 제국에 대항하여 싸웠소. 진승이 죽은 이후에는 농민 반란군을 이끌었소.

원고 측 증인 **범증**

나는 항량과 항우의 책략가로 활약하며, 수많은 전투를 승리로 이끌었던 범증입니다. 훗날 항우는 유방의 계략에 넘어가 나를 내치고 말았지요.

원고 측 증인 **진평**

나는 항우의 수하에 머물다가 유방의 참모가 된 진평입니다. 유방의 토사구팽에 관하여 자세히 증언하겠습니다.

피고 **유방**(B.C. 247년 ~ B.C. 195년, 재위 기간 :
B.C. 202년 ~ B.C. 195년)

나는 중국 역사상 최초로 평민 출신 황제가
된 유방이오. 또한 진시황에 이어 사상 두 번
째로 천하를 통일하여 한(漢) 제국을 세웠소.
항우와의 싸움에서 계속 패하다가 최후의 결
전에서 승리했다오.

피고 측 변호사 **강패도**

안녕하십니까. 역사공화국의 명변호사 강패도입
니다. 원고 측의 주장은 정말 터무니없는 것입니
다. 뛰어난 능력으로 난세를 종결시킨 유방을 변
호하는 데 최선을 다하겠습니다.

피고 측 증인 진승

나는 기원전 209년, 진 제국의 폭정을 견디지 못하고 '진승·오광의 난'을 일으켰소. 이후 농민 반란군을 이끌며 '장초'를 세웠다오.

피고 측 증인 한신

항우의 수하로 있다가 유방에게로 가서 대장군이 되었습니다. 이후 제나라와 초나라의 왕을 역임하였지만, 한 제국 성립 이후 유방에게 토사구팽 당했지요.

피고 측 증인 장량

나는 유방의 책략가입니다. 한(韓)나라 출신으로 진시황을 암살하려 했으나 실패하고 유방을 따르게 되었지요. 홍문지회의 위기에서 유방을 구해냈습니다.

"한 제국의 유방을 상대로 소송을?"

여기는 영혼이 된 역사 속 인물들의 나라인 역사공화국.

그리고 나는?

요즘 일거리가 별로 없긴 하지만, 취미인 역사 공부에 시간을 보내느라 하루하루가 모자란 변호사 제! 왕! 도!

이름이 웃긴다고? 맞은편 건물 1층 변호사 이름은 '강패도'인걸. 뭐, 어쨌든 흔해 빠진 이름보다야 훨씬 낫지!

"변호사님, 책만 읽지 말고, 저랑 끝말잇기 게임이나 해요. 저부터 시작할게요. 역사!"

아니나 다를까 끝말잇기라면 사족을 못 쓰는 나의 조수 김상국이 오늘도 떼를 쓰고 나섰다.

"어휴, 이제 고상한 내 취미 생활까지 방해하는군. 이봐 김 군, 자네도 공부를 좀 하는 건 어때? 그런데…… 역사라고 했나? 흠……
어디 나도 한번 해볼까? 사, 사면초가!"

"사면초가? 사방이 초가집으로 둘러싸였다는 뜻인가요? 아, 맞
다! 유방의 군사가 항우의 군사를 포위하고 초나라 노래를 불러 전
의를 상실하게 만들었다는 그 이야기로군요! 역사 수업 때 졸지 않
고 공부한 보람이 여기서 나타나네요. 하하."

"흠, 제법인데? 서당 개 삼 년이면 풍월을 읊는다더니, 김 군도 나
를 따라다닌 보람이 있나 봐?"

탕 탕 탕!

들어오라는 대답이 떨어지기도 전에 누군가가 문을 벌컥 열고 들
어왔다. 큰 키에 당당한 체구를 가진 잘생긴 사내였다. 이목이 수려
한 것이 마치 영화에 나오는 주인공 같기도 했다.

"이렇게 만나게 되어 반갑소, 제왕도 변호사. 밖에서 잠깐 들으니
'사면초가'라는 얘기가 오가더군요. 마침 내가 소송을 걸려는 사람
도 '사면초가'와 관련된 사람이오."

"예? '사면초가'라면 항우와 유방이 최후의 결전을 벌일 때 나온
얘기인데……. 그런데 댁은 누구십니까? 보아하니 영화배우 같기도
한데."

"나는 항우라고 하오. 설마 나를 모른다고 하지는 않으시겠지요.
시간이 없으니 내 바로 얘기하겠소. 내가 고소하려는 사람은 바로
유방이오. 그는 비열한 속임수로 천하를 거머쥔 자로서 역사의 죄인
이라오."

항우의 말이 끝나자마자 김상국 조수가 끼어들어 호들갑을 떨었다.

"지금 이 분이 장기판에 나오는 한(漢) 제국을 세운 그 유방을 말씀하시는 거 맞죠? 어이쿠! 그 분을 상대로 소송을 하시겠다니. 변호사님, 사건을 맡는 것은 깊이 고민하셔야 할 것 같은데요?"

"김 군, 자넨 가만히 있는 게 날 돕는 일이라는 걸 아직도 모르겠나? 항우님, 버릇없는 조수의 말은 신경쓰지 마십시오. 제가 이 사건을 맡겠습니다. 뭔가 예사롭지 않은 감이 옵니다. 그리고 제가 『사기』를 읽다 의문 나는 점이 조금 있었는데, 이 재판을 열심히 준비하다 보면 해답을 찾을 수 있을 것 같군요."

"좋소, 제왕도 변호사. 나의 억울한 사연을 꼭 밝혀 주시오."

"아, 네. 물론이지요. 변호사 한번 제대로 찾아오신 거예요. 제 자랑 같지만 저만큼 중국 역사에 관심이 많고 공부를 많이 한 변호사는 찾기 힘드실 겁니다. 하하하. 자, 이제 본격적인 이야기를 해보시지요."

항우는 제왕도 변호사에게 자신의 이야기를 풀어 놓기 시작했고, 제왕도 변호사는 『사기』의 내용을 들먹이며 항우의 이야기에 맞장구를 치고 있었다. 김 군은 입을 삐죽거리며 제왕도 변호사를 흘겨보았다.

"치, 들어오는 사건이 없으니까 할 일이 없어 『사기』를 보셨으면서……."

진나라의 패망과 항우, 유방

중국을 통일한 진나라의 시황제는 엄한 정치로 나라를 다스렸어요. 그리고 다섯 차례에 걸쳐 진나라의 영토를 살펴보러 여행길에 올랐지요. 진나라의 백성들은 은과 금으로 장식된 시황제의 호화로운 마차 행렬을 보면서 불만을 갖게 되었답니다. 이 중에는 진나라 때문에 멸망한 초나라 장군의 집안에서 태어난 항우와, 농민 출신으로 힘이 센 장사로 소문이 난 유방도 있었지요.

시황제가 얼마 뒤 눈을 감자 진나라의 정치에 반감을 가지고 있던 사람들은 일제히 반기를 들고 일어나게 되어요. 특히 기원전 209년 초나라의 한 지방에서 일어난 농민 반란은 그 위세가 대단했지요. 이것을 계기로 진나라와 대결하려는 세력이 초나라를 중심으로 일어났는데, 그 선두에 항우가 있었습니다. 한편 유방 역시 농민군을 이끌고 일어났지요.

진나라에게 멸망 당한 후 초나라의 왕가를 어렵게 이어가던 회황은 항우와 유방에게 진나라를 쳐부술 것을 명합니다. 두 사람 중 먼저 진나라의 수도인 셴양에 들어간 사람을 그 지역인 '관중의 왕'으로 삼을 것이라고 공표하였지요. 항우는 용맹한 군사들을 이끌고 셴양으로 진격하였지만, 유방보다 늦게 도착하였어요. 자신의 군사의 수가 훨씬 더 많고 자신이 더 용맹하다고 생각했던 항우는 이 사실에 매우 화가 났답니다. 그래서 셴양에 가까운 홍문에 군사를 집합시켰어요. 이 소식을 들은 유방은 항우를 만나러 오고 둘은 겉으로 볼 때는 화해를 하게 됩니다.

중국 경극 속 항우의 모습

　이후 항우는 진나라 수도인 셴양으로 쳐들어가 진나라 왕을 죽이고 진 왕조를 완전히 멸망시키고 말지요. 그리고 초나라 왕을 황제의 자리에 앉히고 자신이 모든 권력을 장악하게 됩니다. 스스로 '패왕'이라고 부른 항우는 유방에게는 수도에서 멀리 떨어진 곳의 땅을 내어주어서 '한왕'이라 불렀지요. 이렇게 항우와 유방은 진나라를 패망시키고 새로운 역사의 페이지를 열게 되었답니다.

| 원고 | 항우 | 대리인 | 제왕도 변호사 |
| 피고 | 유방 | 대리인 | 강패도 변호사 |

청구 내용

초나라와 한나라가 서로 힘을 겨루던 '초한지제'의 최후 승리자인 피고 유방은 강소성 패현의 건달 출신으로 어지러운 시기를 틈타 한 제국 황제에 오른 자입니다. 그는 계략으로 나를 속이고 황제가 되었습니다. 초나라의 명문가 출신인 나는 피고 유방처럼 비열한 기만술을 쓸 줄 몰랐지요. 이에 반해 피고 유방은 비겁한 기회주의자이자, 앞에서는 웃고 뒤에서는 칼을 들이대는 음흉한 자였습니다. 내가 왕도(王道)에 입각하여 정정당당한 방법을 펼친 데 비해 그는 궤도(詭道)에 입각하여 기만적인 편법을 구사했던 것입니다. 초한전이 시작되는 초기만 하더라도 내가 압도적으로 우세했으나 시간이 지나면서 유방이 점차 우위를 점하기 시작했지요. 불행히도 나는 마지막 결전에서 패해 도주하는 신세가 되고 말았습니다. 우리 두 사람의 대결은 결국 기원전 202년에 내가 스스로 목숨을 끊으면서 대단원의 막을 내리게 되었지요.

이번에 소송을 제기한 이유는 21세기 동북아 시대의 개막을 계기로 많은 사람들이 나를 재평가하며 유방처럼 신의도 없이 비열한 짓으로 황제에 오른 자를 비판하고 있기 때문입니다. 역사공화국 법정에서 그의 비열한 행위를 제대로 단죄해야만 비로소 21세기 동북아 시대의 미래가 밝아질 수 있다고 생각합니다. 이번에 '초한지제 주역 확인의 소'를 통해 진정한 패왕을 가리자고 청한 것은 바로 이 때문입니다. 역사공화국 법정의 현명한 판결을 기대합니다.

입증 자료

- 중학교 역사 교과서
- 고등학교 세계사 교과서
  그 외 자료 추후 제출하겠음.

위 청구인 항우
역사공화국 세계사법정 귀중

초한지제는 어떻게
등장한 것일까?

1. 진승의 난에 가담한 항우와 유방
2. 항우는 왜 20만 군사를 파묻은 것일까?

교과연계

역사
VII. 통일 제국의 등장
 1. 중국이 통일 제국, 진과 한
   (3) 중국 문화의 기틀을 다진 한

진승의 난에 가담한
항우와 유방

"유방과 항우 중 누가 초한지제의 주역인지를 가려 달라는 소송
이 제기되었다고?"

"글쎄 말일세, 항우 말로는 자신이 주역이라는데?"

방청석과 배심원석이 소란스러웠다. 판사가 법정에 들어서자 법
정 경위가 장내를 정리하고 나섰다.

"조용히 해 주시기 바랍니다!"

판사는 천천히 걸어 들어와 자리에 앉은 후 엄숙한 목소리로 말했다.

판사   원고 측 변호인, 오늘 사건의 내용을 말씀해 주시지요.

판사의 말이 끝나자, 제왕도 변호사가 일어나 말했다.

왜 항우와 유방은 홍문에서 만났을까?

제왕도 변호사 이번 재판에서 다룰 내용은 과연 초한지제의 주역이 누구인지를 다시 생각해 보는 것입니다. 원고 항우는 피고 유방과 70번을 싸워서 70번 모두 승리하였습니다. 그러다가 단 한 번의 싸움에서 패하고 말았지요. 그러나 원고 항우는 단 한 번의 기만술도 구사한 적이 없습니다. 그런 점에서 그는 비록 패하기는 했으나 초한지제의 명실상부한 주역이 될 만합니다.

이에 반해 동네 건달 출신인 피고 유방은 처음부터 끝까지 기만술을 이용해 황제의 자리에 올랐습니다. 그는 비열한 편법으로 황제에 오른 뒤에도 개국 공신들을 무참히 제거하는 토사구팽을 행했습니다. 그럼에도 불구하고 『사기』를 비롯한 각종 역사서에는 피고가 너그럽고 어진 인물로 꾸며져 있습니다. 이는 '역사는 승자의 기록이다'라는 격언을 뒷받침하는 역사 왜곡입니다.

제왕도 변호사의 말이 끝나자, 장내는 다시 술렁이기 시작했다.

"유방이 어떤 비열한 짓을 했다는 것인가?"

"글쎄 말이야, 유방은 최초의 평민 출신 황제로 널리 칭송받고 있잖아?"

장내가 다시 소란스러워지자 판사가 제지하고 나섰다.

초한지제
기원전 210년, 진시황이 죽고 초나라의 항우와 한나라의 유방이 천하의 패권을 놓고 다투다가, 유방이 한 제국을 세우고 세상을 떠나는 기원전 195년까지의 대략 16년간에 해당합니다. 한지제는 춘추 전국 시대, 삼국 시대와 함께 숱한 전쟁과 정치적 혼란 때문에 살기 힘들었던 시기로 손꼽힙니다.

개국 공신
나라를 건국하는 데 공을 세운 신하를 말합니다.

토사구팽
토끼가 죽으면 토끼를 잡던 사냥개도 더는 쓸모없게 되어 주인에게 삶아 먹히게 된다는 뜻으로, 필요할 때는 쓰고 필요 없을 때는 버리는 경우를 말합니다.

사기
중국 전한(前漢) 시대의 역사가 사마천이 아주 오랜 옛날의 황제로부터 한무제에 이르기까지 역대 왕조에 얽힌 이야기를 적은 역사책입니다.

권토중래
어떤 일을 크게 실패한 뒤에 힘을 모은 다음 재차 그 일을 시도한다는 뜻입니다. 중국 당나라 두목의 〈오강정시(烏江亭詩)〉에 전해지는 말로, 유방과의 전투에서 패한 항우가 오강(烏江) 근처에서 자결한 것을 탄식한 말입니다.

판사 모두 조용히 해 주십시오. 먼저 이번 소송의 이유를 보다 명확히 짚어 보도록 하겠습니다. 원고 측의 소장을 보면 피고 유방은 비열한 속임수로 황제의 자리에 올랐다고 하는데요. 결국 원고는 피고에게 황제가 될 자격이 없다고 주장하는 것입니까?

판사가 원고석에 앉아있는 원고에게 눈길을 돌렸다.

재판이 시작할 때부터 조용히 침묵을 지키고 있던 항우가 천천히 입을 열었다.

항우 그렇소. 유방은 배신을 일삼는 등 간사한 수법으로 황제에 오른 자요. 내가 피고에게 패한 이후 **권토중래**를 포기한 채 스스로 목숨을 끊은 것도 피고처럼 배은망덕한 자와 더 이상 싸우고 싶지 않았기 때문이었소.

항우가 말을 끝마치자마자 제왕도 변호사가 이어 말했다.

제왕도 변호사 피고 유방은 원고 항우 덕분에 왕 노릇을 하게 되었음에도 불구하고 은혜를 저버린 후 반기를 든 자입니다. '믿는 도끼에 발등 찍힌다'는 속담이 바로 이 경우에 해당할 것입니다.

"유방은 확실히 비열한 면이 있었나 봐!"

"글쎄 말이야, 항우가 스스로 목숨을 끊은 것도 이유가 있다고 보아야 해!"

"근데 아직 뚜렷한 증거가 나온 것도 아니잖아?"

방청석과 배심원석이 시끄러워지자, 이 분위기를 일단 바꿔야겠다고 생각한 강패도 변호사가 재빨리 일어났다.

강패도 변호사   재판장님, 저는 이번 사건을 감정적으로 대하기보다 객관적인 사실을 바탕으로 살펴봐야 한다고 생각합니다. 원고 측 변호인은 지금 아무런 근거도 제시하지 않으면서 피고를 비열하다고 비난하고 있습니다.

판사   인정합니다. 원고 측 변호인은 정확한 근거를 말씀해 주세요.

제왕도 변호사   알겠습니다. 그 근거는 재판 과정을 통해 차차 말씀드리도록 하겠습니다.

강패도 변호사   재판장님, 먼저 제가 사실에 근거해 한 말씀 드리겠습니다. ▶원고 항우와 피고 유방은 진(秦) 제국 말기인 기원전 209년에 진승이 일으킨 반란군 대열에 각각 합류했습니다. 이후 함께 진 제국에 대항하여 싸웠지요. 그러나 원고 항우는 진 제국을 무너뜨린 뒤 유방을 변두리 지역인 한중의 왕에 봉했습니다. 함께 공을 세운 동료를 변두리 지역으로 내치다니요. 피고 유방이 항우에게 반기를 든 것은 바로 이 때문이었습니다.

제왕도 변호사   이보세요, 강패도 변호사. 한 지역의 왕에 봉한 것이 어떻게 내친 것이 됩니까? 더군다나 유방은 한

교과서에는

▶ 진시황이 죽자 '진승·오광의 난'을 계기로 각지에서 반란이 일어나 진 제국은 결국 항우에게 멸망하였습니다.

중의 왕에 봉해진 지 얼마 되지도 않아 항우에게 반기를 들었단 말입니다. 이후 두 사람은 7년간에 걸쳐 싸웠고, 이때 피고 유방은 시종일관 비열한 속임수를 사용한 까닭에 승리를 거두었던 것입니다.

제왕도 변호사가 발언을 끝낸 후 흡족한 표정을 지으며 자리에 앉자, 이어 강패도 변호사가 일어났다.

왜 항우와 유방은 홍문에서 만났을까?

강패도 변호사　존경하는 재판장님, 그리고 배심원 여러분! 이번 재판의 배경을 보다 잘 이해하기 위해 진 제국에 대항하여 반란을 일으켰던 진승을 증인으로 채택하고자 합니다. 재판장님, 증인 진승을 불러 주시기 바랍니다.

판사　좋습니다. 증인 진승은 나와서 선서를 해 주십시오.

　진승이 증인 선서를 끝마치자 강패도 변호사가 진승 곁으로 다가가 물었다.

강패도 변호사　증인은 진시황이 죽고 난 후 혼란한 틈을 타 반란을 일으켰지요? 어떻게 반란을 일으킨 것입니까?

진승　기원전 210년에 진시황이 죽고 막내아들 호해가 2세 황제로 즉위했습니다. 이후 조고는 ▶진시황이 살았을 때 추진하였던 거대한 토목공사를 더욱 확대시켜 부역이 면제되었던 빈민까지 징발하였습니다. 이에 빈농 출신인 나도 징발되어 9백 명의 농민과 함께 끌려가게 되었지요.

강패도 변호사　백성들이 매우 고달팠겠군요.

진승　두말하면 잔소리지요. 그런데 공사장으로 끌려 가는 도중, 공교롭게도 큰 비가 내려 정해진 기한 안에 도착할 수 없게 되었습니다. 당시 진 제국의 법은 혹독하기 그지없어 기한을 어기는 자는 무조건 목을 베도록 되어 있었습니다. 이래저래 죽게 된 상황에서 나는 "어떻게 하든 이

교과서에는

▶ 진시황은 수도에 큰 궁궐을 짓고, 자신이 묻힐 무덤을 엄청난 규모로 만들며, 이민족의 침략을 막기 위해 만리장성을 쌓는 등 대규모의 공사를 거듭하였습니다.

제 우리는 모두 죽게 되었다. 차라리 반기를 드느니만 못하다. 어찌
왕후장상의 씨가 따로 있겠는가?"라고 외치며 친구 오광과 함께 일
행을 설득하였습니다.

강패도 변호사   반란이 시작된 거로군요.

진승   일행을 설득한 후 저는 초나라의 장군을 자처하며 농민 반
란군을 이끌었습니다. 옛 초나라의 도읍을 점령한 후 왕위에 올라
국호를 장초(張楚)로 정했습니다. 장초는 초나라의 위세를 떨친다는

왜 항우와 유방은 홍문에서 만났을까?

뜻으로 정한 이름입니다. 그리고 얼마 후 진 제국의 중심부인 관중(關中) 지역을 정벌하고자 나섰습니다. 바로 이때 원고 항우와 피고 유방도 잇달아 봉기하여 반란군에 합류했던 것입니다.

강패도 변호사　　그랬군요. 그런데 증인이 세운 나라는 금방 망하지 않았습니까? 왜 그렇게 빨리 사라진 것입니까?

진승　　농민군의 세력이 급속히 약화되는 와중에, 각지로 파견되었던 장수들이 지역의 귀족 세력과 연합하여 농민군으로부터 독립했기 때문입니다. 이에 농민 반란군은 봉기한 지 1년 만에 사실상 없어지고, 장초도 이내 사라지고 말았습니다.

어찌 왕후장상의 씨가 따로 있겠는가?
이 말은 '왕후장상영유종호(王侯將相寧有種乎)'라는 유명한 말입니다. 왕후장상(王侯將相)이란 제왕과 제후, 장수와 재상을 뜻합니다. 고려시대 때 노비 반란을 주도한 만적도 이와 유사한 발언을 한 바 있지요.

관중
진 제국의 수도인 함양을 중심으로 하는 분지입니다. 사방이 산과 강으로 둘러싸인 요충지이지요.

진 제국이 패망한 이유
— 가의의 과진론

기원전 210년에 진시황이 죽은 후 막내아들 호해(胡亥)가 황제로 즉위했습니다. 이는 환관 조고(趙高)가 승상인 이사와 함께 꾸민 일입니다. 이후 조고가 거대한 토목 공사를 더욱 확대하는 바람에 백성들이 큰 고통을 겪게 되었지요. 결국 진 제국의 폭정을 참다못한 진승이 기원전 209년에 난을 일으켰습니다.

이를 두고 훗날 한문제(漢文帝) 때의 유명한 문인 가의(賈誼, B.C. 200년~B.C. 168년)는 진 제국이 패망한 이유를 논한 과진론(過秦論)을 지었습니다. 이 글은 진 제국이 멸망한 원인을 거울로 삼아 한 제국이 천하를 잘 다스리도록 가르침을 주려는 목적으로 지어졌습니다. 여러 측면에서 진 제국이 범한 잘못을 비판하였으므로 '과진'이라는 제목을 붙인 것입니다. 가의는 이 글에서 진 제국이 흥망성패하는 지점을 지적하고 있으며, 나라가 아무리 강대하다 할지라도 폭정을 하여 민심을 잃는다면 반드시 망할 수밖에 없다고 주장하였습니다.

가의는 진 제국이 멸망한 원인을 다음과 같이 말합니다.

'진 제국이 패망한 이유는 천하를 어질고 의롭게 다스리지 못했기 때문이다.'

2 항우는 왜 20만 군사를 파묻은 것일까?

강패도 변호사가 증인에 대한 신문을 끝내자 진승은 곧 증인석에서 물러났다. 이번에는 제왕도 변호사가 일어나 변론을 시작했다.

제왕도 변호사　존경하는 재판장님! 저 또한 당시의 시대적인 배경을 중요하게 여기고 있습니다. 이에 또 다른 증인의 증언을 듣고자 합니다. 신청한 증인 항량을 불러주시기 바랍니다.

판사　알겠습니다. 증인 항량은 나와서 선서를 해주십시오.

항량　이 증인석에 나와 선서를 한 뒤 자리에 앉자 제왕도 변호사가 다가가 물었다.

제왕도 변호사　우선 증인은 간단히 자기소개를 해주시기 바랍니다.

항량 나는 항우의 작은아버지입니다. ▶'진승·오광의 난'이 일어난 것을 계기로 조카인 항우와 함께 군사를 일으켰지요. 진 제국을 치기 위해 강동에서 8천 명의 군사를 이끌고 봉기하였습니다. 당시 항우의 나이는 23세였습니다.

제왕도 변호사 진승이 죽은 후에는 증인이 농민 반란군을 직접 이끌었다고 하는데요?

항량 그렇습니다. 진승은 진 제국에게 패하여 쫓기다가, 마부인 장고에게 살해당했지요. 그 후, 그의 군사들이 나에게 항복했습니다. 그리하여 내가 진승을 대신해 반란군의 우두머리가 된 것입니다.

제왕도 변호사 그랬군요. 그렇다면 피고 유방과는 어떤 관계였습니까?

항량 유방은 진승의 휘하 장수인 진가의 세력에 있었습니다. 진가가 죽자 유방이 기병 1백여 군사를 이끌고 나를 만나러 왔습니다. 패나라의 풍읍을 치겠다는 것이었죠. 나는 그에게 군사 5천 명을 내주었고, 내 덕분에 유방은 풍읍을 함락시킬 수 있었어요. 이런 면에서 나는 피고 유방의 은인이라고 할 수 있습니다. 만약 나의 도움이 없었다면, 유방은 자신의 독자적인 세력을 만들지 못했을 것입니다.

제왕도 변호사 피고 유방은 증인의 도움으로 세력을 키운 것이군요. 진승이 죽은 후에 일어난 일들을 좀 더 말씀해 주시기 바랍니다.

항량 나는 진승이 죽었다는 소식을 듣고는 곧 장수들을

교과서에는

▶ 진 제국 말기에 일어난 '진승·오광의 난'은 세계 최초의 농민 반란이었습니다. 당시 진승은 "어찌 왕후장상의 씨가 따로 있겠는가?"라고 주장하며 농민들과 함께 봉기하였지요.

왜 항우와 유방은 홍문에서 만났을까?

불러 모은 뒤 대책을 논의했습니다. 그 회의에서 범증(范增)이 건의하기를, 진승은 반란을 일으켰음에도 초나라 후예를 세우지 않은 까닭에 세력이 오래가지 못했으니, 초나라 왕의 후예를 찾아내 그를 왕으로 세우자고 건의했습니다. 그의 의견을 따라, 백성들 틈에 끼어 양치기 노릇을 하고 있던 초나라 회왕의 손자 미심(羋心)을 찾아내 '초 회왕'으로 삼았지요.

무신군
전국 시대 말기에 소진(蘇秦)과 함께 대표적인 종횡가로 활약한 바 있는 장의(張儀)의 군호(君號)도 '무신군'이었습니다. 당시에는 '무신군'과 '초 회왕'처럼 이전 사람의 것을 그대로 쓰는 것이 하나의 유행이었습니다.

제왕도 변호사   그래서 효과는 있었나요?

항량   당시 그 효과는 컸습니다. 많은 초나라 유민들이 크게 환영했지요. 그렇게 초 회왕을 세운 뒤, 나는 나 자신을 무신군(武信君)이라 칭했습니다.

제왕도 변호사   초 회왕을 세운 뒤로는 더 많은 세력을 모은 것 같은데요. 증인이 반란군을 이끌 때 항우와 유방은 어떤 일을 했습니까?

항량   나는 진 제국의 장수 장함이 진승을 격파한 뒤 위나라로 쳐들어갔을 때, 장함과 맞서 싸웠습니다. 그러는 와중에 항우와 유방에게 명하여 성양(城陽)을 치게 했지요. 이들은 성양에서 진 제국의 군사를 무참히 살해했습니다. 나는 얼마 후 진 제국의 2세 황제가 보낸 군대와 맞붙어 싸우다가 죽고 말았지요.

제왕도 변호사   잠깐만요. 항우와 유방이 성양을 함께 공격했다고요?

항량   네, 그렇습니다. 뭐가 잘못됐나요?

제왕도 변호사   존경하는 판사님, 그리고 배심원 여러분! 당시 성양 전투에 원고 항우뿐만 아니라 피고 유방 또한 가담했다는 증언을

주목해 주시기 바랍니다. 이는 원고 항우가 혼자서 성양을 공격한 후 성 안의 모든 사람을 **갱살**했다는 『사기』의 기록이 거짓이라는 사실을 뒷받침하는 것입니다.

판사　　그게 무슨 말입니까? 『사기』의 기록이 거짓이라니요?

제왕도 변호사　　『사기』의 「고조본기」에는 항우가 성양을 공격한 후 성 안의 모든 사람을 산 채로 땅에 묻어 죽이는 '갱살'을 했다고 기록되어 있습니다. 하지만 이는 의도적으로 항우를 깎아내림으로써 유방을 미화한 것입니다. 실제로 원고 항우는 혼자 성양에서 사람들을 갱살한 적이 없으며, 유방과 함께 공격하고 **도륙**한 것입니다. 훗날 사마광이 『자치통감』에서 항우와 유방의 군사가 함께 성양을 '도륙'했다고 바로잡은 것은 이 때문입니다.

강패도 변호사　　이의 있습니다, 재판장님! 항우는 훗날 양성(襄城)을 함락한 후 성 안의 모든 사람을 산 채로 땅에 묻은 적이 있습니다. 또한 양성 이외에도 갱살한 적이 있습니다. 원고 측 변호인은 『사기』의 작은 오류를 트집 잡아, 원고 항우의 잔혹함을 덮어버리려 하고 있습니다. 이를 확인하기 위해 원고에게 직접 질문하고자 합니다. 허락해 주시기 바랍니다.

판사　　허락합니다.

　제왕도 변호사가 자리로 돌아가 앉자 강패도 변호사가 항우에게 다가가 물었다.

갱살
구덩이를 파서, 산 채로 묻어 죽이는 것입니다.

도륙
무참하게 마구 죽이는 것을 말합니다.

강패도 변호사 원고는 훗날 증인 항량이 죽은 뒤 그의 군사를 그대로 이어받아 관중으로 쳐들어갔습니다. 그때 항복한 진 제국 병사 20만 명을 땅에 묻어 죽이는 갱살을 저지른 바 있지요. 또한 뒤이어 관중을 점령한 뒤에는 항복한 진 제국의 황제 자영을 죽이고 도성을 불살랐습니다. 왜 그런 잔인한 짓을 벌인 겁니까?

제왕도 변호사 이의 있습니다, 재판장님. 지금 문제가 되는 것은 성양의 도륙에 대한 역사 왜곡입니다. 피고 측 변호인은 훗날의 일을 들먹이며 논점을 흐리고 있습니다.

판사 알겠습니다. 인정합니다. 그러나 원고의 대답은 들어 보고 싶군요. 원고는 답변해 주시지요.

항우 변명하고 싶지는 않습니다. 그러나 그것은 어쩔 수 없었습니다. 당시 진 제국 군사 20만 명을 그대로 두었다가는 반란이 일어날 우려가 컸습니다. 그래서 부득이하게 갱살한 것입니다. 또한 진 제국의 황제 자영은 재위 46일 만에 유방에게 항복한 적이 있었기 때문에, 당시 자영이 저에게 항복한 것은 형식에 지나지 않은 것이라 생각했습니다. 그리고 자영을 그대로 둘 경우 자칫 진 제국의 반란을 부추길 위험이 있었습니다. 그리하여 저는 대의를 위해 자영을 없앤 것입니다.

강패도 변호사 재판장님, 피고 유방이 훗날 황제에 오르게 된 것은 전적으로 스스로의 노력에 의한 것입니다. 그럼에도 원고 측은 비열하다며 피고를 손가락질하고 있습니다. 왕도를 펼쳤다고 주장하는 항우 자신 또한 비열하고 잔혹한 살상을 벌인 것이 명백한데도 말입

왜 항우와 유방은 홍문에서 만났을까?

니다. 이를 보아 초한지제의 진정한 주인이 항우라는 원고 측의 주장은 납득할 수 없는 억지 주장에 불과합니다.

이때 제왕도 변호사가 상기된 표정으로 일어나서 변론하려 했으나 판사가 제지했다.

판사   자, 이제 시간이 되어 휴정을 선언하고자 합니다. 오늘 재판은 증인 진승과 항량의 증언을 토대로 초한지제가 등장하게 된 배경을 알아보았습니다. 그럼 첫 번째 재판은 이것으로 마치겠습니다.

땅! 땅! 땅!

다알지 기자

      역사공화국 안팎의 소식을 가장 빠르고 정확
하게 전해 드리는 역사공화국 법정 뉴스의 다알지
입니다. 오늘은 초나라 항우 대 한나라 유방의 재판 첫
째 날이었는데요. 역대 호걸들 간에 치열한 공방이 펼쳐졌습니다. 정
말 대단한 재판이었지요. 지금 양측 변호사가 나란히 법정을 나서고
있군요. 두 변호사를 만나 보겠습니다. 제왕도 변호사, 잠깐만요. 피고
유방이 비열한 방법으로 황제에 오른 것이 사실입니까?

제왕도 변호사

네, 물론입니다. 오늘 시간이 얼마 없어 제대로 규명하지는 못했으나, 다음 재판 때는 유방이 얼마나 비열한 속임수로 황제가 되었는지를 자세하게 밝히도록 하겠습니다. 이를 위해 새로운 증인을 신청할 예정이니 기대해 주십시오. 피고 유방이 후대인들로부터 뛰어난 황제로 간주된 것은 그의 속임수가 제대로 밝혀지지 않았기 때문입니다. 역대 황제 중 그런 야비한 수법을 쓴 사람은 아마 유방밖에 없을 것입니다. 지금 저희 원고 측은 관련 분야의 전문가들을 모시고 밤을 새워 준비하고 있습니다. 다음 재판 때는 보다 충실한 사료를 바탕으로 피고 측을 압도하도록 하겠습니다.

강패도 변호사

여러분도 보셨듯이, 원고 항우는 지금 말도
안 되는 이야기를 태연하게 하고 있습니다. 항우
의 잔인함은 이미 많은 역사서들에 의해 밝혀진 바입
니다. 아무리 그가 자신의 행동을 왕도로 포장한다 해도 이 사실은 변
함이 없습니다. 그는 양성을 함락한 후, 성 안의 모든 사람을 땅에 묻어
죽였습니다. 또한 훗날 진 제국의 군사 20만 명도 땅에 묻어 죽였으며,
관중을 점령한 뒤에는 항복한 진 제국의 황제 자영을 죽이고 궁궐을
모두 불살랐습니다. 어떻습니까? 항우가 얼마나 잔혹한 인물인지 잘
드러나지 않습니까?

왜 항우와 유방은 홍문에서 만났을까?

항우는
왜 패한 것일까?

1. 항우는 왜 관중에 늦게 도착했을까?
2. 항우는 왜 홍문지회를 연 것일까?
3. 항우는 왜 사면초가에 몰린 것일까?

1

항우는 왜 관중에 늦게 도착했을까?

판사 오늘 재판에서는 원고, 피고와 관련해 좀 더 핵심적인 문제를 다루어 보도록 하지요. 원고 측 변호인, 먼저 시작해 주세요.

제왕도 변호사 오늘 다룰 내용은 원고 항우가 천하를 거머쥐었다가 피고 유방의 비열한 속임수에 넘어가 패망하게 된 과정입니다. 저는 초한지제의 진정한 주역을 가리기 위해서는 항우가 왜 패배했는지를 따져 보아야 한다고 생각합니다.

판사 그럼 원고 측과 피고 측 변호인 가운데 누가 먼저 변론하시겠습니까?

제왕도 변호사 제가 먼저 하도록 하겠습니다. 존경하는 재판장님, 그리고 배심원 여러분! 저는 원고 항우가 유방보다 먼저 천하 통일을 이뤘다는 사실을 강력하게 말씀드리고자 합니다. 재판장님, 당시 항우의 휘하에 있던 범증을 증인으로 불러 주시기 바랍니다.

책략가
중국의 춘추 전국 시대에 제후를 도와 여러 가지 꾀, 즉 정책이나 전략을 내던 지식인을 말하지요. 모사(謀士)라고도 합니다.

범증이 판사의 부름을 받고 법정에 들어선 후 증인 선서를 했다. 범증이 자리에 앉자, 제왕도 변호사가 간략한 자기소개를 주문했다.

범증　저는 초나라 출신으로, 젊었을 때부터 역사서와 병서를 두루 읽으며 부지런히 공부했습니다. 항량이 군사를 일으켰다는 소식을 듣고 거기에 합류했습니다만, 항량이 전쟁에 패하여 죽는 바람에 항우의 **책략가**로 활약하게 되었습니다. 항우가 저의 충고를 들었으면 능히 천하를 차지할 수 있었을 것입니다. 그러나 그는 제 말을 듣지 않고 유방을 살려준 데 이어, 적의 술수에 속아 저를 내쫓고 말았지요. 저는 치밀어 오르는 울분을 참으며 고향으로 돌아가는 도중, 등에 악성종양이 생겨 죽고 말았습니다.

이때 강패도 변호사가 끼어들어 범증의 죽음을 문제 삼았다.

강패도 변호사　증인처럼 유능한 사람이 왜 자신의 말을 들어 주지 않는 사람을 위해 충성을 바쳤는지 잘 이해가 되지 않는군요.
범증　벚꽃은 잠깐 사이에 피었다 지기 때문에, 사람들은 벚꽃이 시드는 모습을 볼 수 없습니다. 그래서 벚꽃은 아름다운 추억으로 남을 수 있는 것입니다. 부귀영화를 거부하고 주군을 위해 싸우다 죽는 것도 이와 같습니다.

범증의 대답에 강패도 변호사는 낙심한 표정으로 자리에 앉았다. 반면 제왕도 변호사는 화색을 띠며 신문을 이어나갔다.

제왕도 변호사   참으로 절묘한 비유군요! 그렇다면 증인은 원고 항우에 대해 원망하는 마음이 없다는 것입니까?

범증   항우는 제가 죽은 뒤 얼마 되지 않아 제 말을 따르지 않은 것을 크게 후회하며 스스로 목숨을 끊었습니다. 그런 터에 무슨 원망할 일이 있겠습니까? 단지 약간의 아쉬움이 남아 있을 뿐입니다.

제왕도 변호사   증인은 원고 항우가 패왕의 자리에 오르게 된 과정을 옆에서 지켜보았을 터이니, 그 내막을 자세히 알고 있겠지요? 간략히 말씀해 주시기 바랍니다.

범증   당시 초 회왕은 커다란 야심을 가지고 있었습니다. 그는 항량이 죽자 모든 군사를 통합해 자신이 직접 지휘하면서, 곧 유방을 무안 지방의 제후로 임명하여 군사를 거느리게 했습니다. 이는 의도적으로 항우를 누르고자 하는 속셈에서 나온 것입니다. 당시 항우는 장안 지방의 제후였지만, 신분만 높을 뿐 아무런 실권이 없었지요.

제왕도 변호사   힘을 쓸 수 없었던 항우는 답답했겠군요.

범증   그렇지요. 그런데 얼마 후 진 제국에게 공격당하던 조나라가 구원을 청해왔습니다. 초 회왕은 조나라를 돕는 동시에, 대담하

왜 항우와 유방은 홍문에서 만났을까?

게도 진 제국의 중심부를 공격하고자 했습니다. 그리하여 여러 장수들을 불러놓고 "먼저 관중(關中)을 점령하는 자를 왕으로 삼을 것이다"라고 약속했습니다.

제왕도 변호사　관중이라고요?

범증　관중 지역은 진 제국의 수도인 함양이 있는 곳으로, 천하를 얻기 위해서 차지해야 할 가장 중요한 땅이었습니다. 그러나 진 제국의 군사가 매우 강해 계속 승리를 이어 가고 있었던 까닭에 장수들 모두 관중으로 들어가는 것을 위험하게 생각했습니다. 오직 항우만이 항량의 원수를 갚기 위해 유방과 함께 관중으로 들어가고자 했던 것입니다.

제왕도 변호사　항우가 관중을 공격하려는 작전을 유방과 함께 진행했다는 것이 사실입니까?

범증　네, 그렇습니다.

제왕도 변호사　재판장님, 지금 증인의 진술을 기억하여 주십시오. 『사기』의 「고조본기」에 따르면, 당시 초 회왕의 여러 참모들은 항우를 포악하다고 평하며 극도로 폄하했습니다. 반면 유방에 대해서는 덕이 있다며 칭송했지요. 그렇다면 이 기록은 한 제국이 성립된 뒤, 제국의 시조인 유방을 떠받들기 위해 조작된 것이 아닐까요? 만약 기록이 사실이라면 유방은 항우와 함께 경쟁하며 관중으로 진출할 필요가 없었을 테니까요.

강패도 변호사　이의 있습니다. 재판장님! 지금 원고 측 변호인은 『사기』를 조작된 문서로 비하하고 있습니다.

판사   기각합니다. 역사서 또한 시대의 관점이 들어있을 수밖에 없기 때문에, 원고 측 변호인의 의견을 무시할 수만은 없습니다. 원고 측 변호인은 신문을 계속해 주세요.

제왕도 변호사   네, 감사합니다. 증인, 그러면 항우는 관중을 어떻게 점령하게 되었습니까?

범증   기원전 207년 10월, 당시 상장군 송의는 진 제국에 공격당하던 조나라를 돕기 위해 군대를 이끌고 안양(安陽)에 이르렀습니다. 하지만 송의가 진 제국과의 전쟁을 차일피일 미루자, 항우는 송의의 목을 벤 후 스스로 전군을 이끌고 황하를 건너 진격했습니다. ▶그는 강을 건넌 뒤, 곧 배를 침몰시키고 솥과 시루 등을 모두 깨뜨렸습니다. 막사도 모두 태워 버리고 각자 3일 치의 식량만 갖게 했습니다. 이는 죽음을 각오하고 싸울 뿐 전혀 돌아갈 마음이 없다는 의지를 보여준 것입니다. 그는 조나라의 거록성에 도착하자마자 진 제국의 군대를 포위한 뒤 9번 싸워 9번 모두 크게 승리했습니다.

제왕도 변호사   항우의 활약이 대단했군요.

범증   당시 거록성 주변에는 조나라를 구하러 온 제후들의 군사가 매우 많았지만, 이들은 진 제국의 군사가 무서워 감히 전투를 벌이지 못했습니다. 항우가 진 제국의 군사를 공격할 때에도 여러 나라의 장수들은 방어용 건축물인 영루 위에서 이를 구경만 했습니다.

제왕도 변호사   과연 그랬군요. 다른 나라들의 군사가 모두 항우에게 속하게 된 것도 바로 이 때문 아닙니까?

범증   그렇습니다. 당시 항우가 진 제국의 군사를 제압한 뒤 여러 나라의 장수들을 부르자 모두 굉장히 두려워했습니다. 이들은 무릎으로 기어가며 감히 항우를 쳐다보지도 못했습니다. 조나라의 왕 조헐은 항우에게 매우 고마워했지요.

제왕도 변호사   또한 이로 인해 진 제국의 장수 장함이 원고 항우에게 투항하게 되었지요?

범증   맞습니다. 당시 장함은 극원(棘原)에 주둔하며 항우의 진군을 가로막고 있었습니다. 양측 모두 진영을 굳게 지키며 대규모의 교전을 피했습니다. 하지만 작은 전투

교과서에는

▶ 여기서 '침주파부(沈舟破釜)'의 고사성어가 나왔습니다. 이는 결연히 뒤로 물러서지 않는다는 뜻의 소위 '불퇴전(不退轉)'을 의미합니다.

에서 진 제국의 군사가 수차례 패배하자 2세 황제가 사람을 보내 장함을 책망했습니다. 장함은 이를 크게 두려워했지요. 마침내 항우가 전군을 이끌고 공격해 대승을 거두자 장함은 곧 투항했습니다. 투항한 장함은 눈물을 흘리며 진 제국의 승상 조고가 나라를 망치고 있다고 하소연을 했지요.

제왕도 변호사　장함의 투항은 어떤 의미입니까?

범증　아주 큰 의미가 있습니다. 진 제국의 최정예 부대가 항복함으로써 항우의 군대는 마침내 천하무적의 군사력을 지니게 된 것입니다. 이로써 항우는 사실상 여러 제후국들의 우두머리인 패왕이 된 것과 같았습니다.

제왕도 변호사　그렇다면 장함이 투항할 당시 진 제국은 사실상 패망한 것이나 다름없지 않았습니까?

범증　맞습니다. 당시 진 제국의 승상 조고는 상황이 불리해지자 2세 황제를 죽인 뒤 진시황의 장남인 부소의 아들 자영을 황제의 자리에 앉혔습니다. 그러나 자영은 곧 자식들과 상의해 조고를 죽이고 삼족을 멸했습니다. 이후 진 제국은 점점 몰락했지요.

제왕도 변호사　당시 유방의 움직임은 어떠했나요?

범증　자영이 전군을 동원하여 관중으로 진격하는 제후들의 군사를 막자, 유방은 별도로 휘하 군사를 이끌고 길을 돌아가서 관중 지역의 패상(覇上)에 이르렀습니다. 그러자 겁이 난 자영은 곧 유방에게 항복했지요. 항우가 진 제국의 총집결된 군대와 싸움을 벌이며

삼족
아버지의 일족, 어머니의 일족, 배우자의 일족

패상
패상은 현재 섬서성 남전현 북에 있는 지명으로 패수(覇水)의 서쪽 고원에 있어 붙여진 이름입니다.

힘겹게 전진하고 있을 때, 유방은 간교한 방법을 써서 관중을 먼저 점령한 것입니다.

제왕도 변호사 존경하는 재판장님, 그리고 배심원 여러분! 지금 증인의 증언에 주목해 주시기 바랍니다. 이렇듯 피고 유방은 비열한 방법으로 길을 돌아가 항우보다 먼저 관중을 점령한 것입니다.

"뭐야? 그럼 항우는 앞에서 진 제국에 맞서 피 흘리며 싸우는데, 유방은 이를 틈타 관중을 차지했다는 거야?"

"항우가 억울할 만도 하겠는걸? 재주는 곰이 넘고 돈은 엉뚱한 사람이 챙긴다더니, 실속 없이 재주나 넘는 곰이 딱 항우를 보고 하는 말이군."

"그러니까 유방처럼 머리를 써야지. 어디 한 번 더 지켜보자고."

방청객들이 항우를 동정하는 듯한 이야기를 주고받자 제왕도 변호사가 힘주어 다시 말을 이었다.

제왕도 변호사 원고 항우는 관중으로 진군하는 도중, 항복한 진 제국의 군사 20만 명을 땅에 묻어 죽인 일로 인해 사람들에게 많은 비난을 받았습니다. 그 일에 대해서 설명해 주실 수 있겠습니까?

범증 당시의 상황을 말씀드리겠습니다. 당시 진 제국의 장수 장함이 항우에게 항복하자 항우의 군사들은 진 제국 병사들을 마치 노비처럼 부렸습니다. 이에 진 제국 병사들은 진 제국으로 돌아갈지라도 죽은 목숨이 될 것이라 여기고 반란을 모의했습니다.

이를 알게 된 항우는 참모들과 상의한 후, 한밤중에 진 제국의 군사 20만 명을 쳐죽인 뒤 신안성(新安城) 남쪽에 파묻었습니다. 이는 분명 지나친 일이었지요. 그러나 이들을 방치했다가 반란이 일어날 경우 이를 막을 수 있는 뾰족한 수가 없었던 점을 감안해 주셨으면 합니다.

제왕도 변호사　그렇군요. 진 제국 병사들이 진 제국을 공격한다는 것은 역설적인 상황이네요. 반란이 일어날 가능성이 컸겠습니다.

범증　맞습니다. 항우는 불가피한 결정을 내렸던 것이지요.

2

항우는 왜 홍문지회를
연 것일까?

제왕도 변호사 항우는 유방이 새치기로 관중을 먼저 점령했다는
사실을 몰랐나요?

범증 항우는 관중의 입구인 함곡관이 유방의 군사에 의해 잠긴
것을 보고서야 유방이 관중을 먼저 점령했다는 사실을 알게 되었습
니다.

제왕도 변호사 항우가 참 안타까워했겠군요. 다 잡은 사냥감을 눈
앞에서 놓치는 것도 분수가 있지. 진 제국을 멸하고도 유방에게 관
중을 빼앗겼으니 말이지요. 이 사실을 알고 항우는 어떤 반응을 보
였나요?

범증 이제와 후회한들 무슨 소용이 있겠습니까? 당시 항우는 관
중에서 가까운 신풍(新豊)의 홍문(鴻門)에 주둔했습니다. 만약 항우

와 유방이 싸울 경우 유방이 패할 것은 뻔했지요. 또한 저는 유방의 뜻이 결코 작은 데 있지 않다는 것을 눈치챘기 때문에, 항우에게 유방을 급히 쳐야 한다고 말했습니다.

홍문
현재 섬서성 임동현 동북쪽에 소재한 음반성(陰盤城)의 동쪽 문을 말합니다.

제왕도 변호사　유방이 천하를 제패하려는 뜻을 눈치챘다면 항우로서는 빨리 유방을 제거하는 것이 좋았을 텐데요.

범증　맞습니다. 제 말을 들은 항우도 다음 날 바로 공격하려는 뜻을 가지고 있었습니다. 그런데 항우의 막내 숙부 항백이 이 얘기를 듣고 즉시 유방의 진영으로 달려가 알렸지요.

제왕도 변호사　항백은 왜 항우 몰래 그런 일을 저질렀나요?

범증　그는 언젠가 유방의 책략가인 장량에게 은혜를 입은 적이 있었어요. 그래서 그에 보답한 것이었지요. 항백을 통해 정보를 얻은 장량은 곧 유방에게 항우가 공격할 수 있다는 소식을 전했습니다. 그러자 유방은 항백을 불러 "나는 관중을 점령한 후 추호도 사사로운 욕심을 채운 바가 없소. 관원과 백성을 장부에 기록하고, 창고를 봉인한 채 항우 장군이 오기만을 기다렸다오. 장수를 보내어 함곡관을 지키게 한 것은 도적의 침입과 비상시를 대비한 것뿐이었소. 내가 감히 항우 장군을 배반하지 않을 것임을 전해 주었으면 하오"라고 부탁했습니다.

제왕도 변호사　유방은 당시 항우에게 공격당할 것을 염려하여 이렇게 새빨간 거짓말을 하며 항백을 꾀었습니다. 지금까지 들으셨듯이 유방이 관중을 먼저 점령한 것은 명분 없는 비열한 짓이었습니다.

강패도 변호사　이의 있습니다, 재판장님. 지금 원고 측 변호인은 모든 상황을 항우의 관점으로 바라보고 있습니다. 천하에 대한 뜻을 품을 권리는 항우만의 것이 아닙니다. 항우가 천하를 통일하기 위해 싸웠듯이 유방 또한 천하를 통일하기 위해 싸웠던 것입니다. 유방을 빨리 제거해야 했다는 제왕도 변호사의 말은 기가 막히는군요.

제왕도 변호사　　아니, 뭐라고요? 재판장님, 지금 피고 측 변호인은 저를 비하하고 있습니다!

판사　　자, 두 분 다 그만하세요. 증인, 이후의 상황을 계속 설명해 주시지요.

범증　　네, 알겠습니다. 항백은 유방의 말을 그대로 항우에게 전했습니다. 그리고 오해를 풀고 유방을 잘 대우해 달라고 부탁했지요.

제왕도 변호사　　그 말을 들은 증인은 어떻게 했습니까?

범증　　당시 저는 이 말을 듣고 크게 놀랐습니다. 객관적으로 볼 때 유방의 군대는 항우 군대의 4분의 1에 불과했습니다. 더구나 항우는 백전백승을 거두고 있었지요. 간교한 유방을 지금 제거하지 않으면 장차 무슨 일이 일어날지 알 수 없었습니다. 그래서 저는 항우에게 유방을 불러 술좌석을 베푼 뒤 그 자리에서 제거하라고 간곡하게 권했지요.

제왕도 변호사　　항우는 증인의 말을 들었나요?

범증　　항우는 한참 생각하더니 이내 고개를 끄덕였습니다. 그리고 제가 차고 있는 옥팔찌를 들어 세 번 보여 주면 즉시 행동에 옮기기로 미리 약속했습니다. 다음 날 아침, 유방은 항우의 노여움을 풀기 위해 기병 1백여 군사를 이끌고 홍문으로 찾아와 사죄했지요. 그러자 항우

는 작전대로 유방을 군영에 머물게 한 뒤 술잔치를 벌였습니다.

제왕도 변호사　증인도 작전대로 항우에게 옥팔찌를 보여 주었나요?

범증　물론입니다. 저는 수차례 항우에게 눈짓을 보내며 옥팔찌를 세 번 넘게 들어 보여 주었습니다. 그러나 어리석게도 항우가 이에 응하지 않았어요. 저는 다급해진 나머지 밖으로 나가 항우의 일족인 항장(項莊)을 불러 검무를 추다가 기회를 보아 유방을 찔러 죽이라고 말했습니다. 그런데 항장이 검을 뽑아 춤을 추기 시작하니까, 이내 항백도 낌새를 눈치 채고 검을 뽑아 같이 춤을 췄습니다.

제왕도 변호사　항백은 유방의 휘하에 있던 장량에게 은혜를 갚기 위해 이번에도 유방을 도와 준 것이군요.

범증　그렇습니다. 항백은 계속 자기 몸을 날개처럼 펼쳐 유방을 가려 주었습니다. 이 때문에 항장은 유방을 찌를 수가 없었지요.

제왕도 변호사　이때 유방은 어떻게 했나요?

범증　유방은 뒤늦게 위험한 상황을 알아채고, 변소에 가는 척하면서 술좌석을 빠져나왔습니다. 유방은 도주하기에 앞서 장량에게 홍문에 남아 있다가 항우에게 사과한 뒤 백옥 구슬과 옥두(玉斗)를 바치라고 일렀습니다.

제왕도 변호사　장량은 유방의 명을 따랐나요?

범증　네, 그렇습니다. 유방이 무사히 복귀했다고 여겨질 즈음 장량은 장막 안으로 들어가 백옥 구슬 한 쌍을 항우 장군에게 바치고, 옥두 한 쌍을 나에게 바치며 사과했습니다. 항우는 이 말을 곧이듣고 백옥 구슬을 받아들였으나 저는 화를 참을 수가 없어 옥두를 바닥에 내던진 후 칼로 내리치면서 "아, 어린아이와는 함께 앞날을 꾀할 수가 없구나. 항우의 천하를 빼앗는 자는 반드시 유방일 것이다. 우리는 그의 포로가 되고 말 것이다"라고 탄식했습니다.

제왕도 변호사　결국 항우는 증인의 말을 따르지 않아 훗날 패망하게 되었다는 것입니까?

범증　맞습니다. 난세에 사사로운 동정심에 휩싸여 '왕도'를 행하면 오히려 자신이 당하기 마련입니다.

이때 강패도 변호사가 급히 일어났다.

강패도 변호사 증인, '왕도'라니요? 그렇다면 항우가 홍문지회 이후 유방에게서 관중을 넘겨받은 다음 재물을 약탈하고 궁궐을 모두 불태워버린 것은 어떻게 이해해야 합니까?

범증 그것은 약간의 설명이 필요합니다. 당시 저는 항우가 유방을 홍문에서 놓쳐버린 홍문지회의 일로 인해 항우와 거리를 두고 그의 일에 관여하지 않았습니다. 말씀하신 대로, 항우는 관중에 입성한 뒤 항복한 진 제국의 황제 자영을 죽이고, 궁궐을 모두 불태워 버렸지요. 불은 무려 3달 동안이나 꺼지지 않았어요. 또한 항우가 그곳의 보물들을 모두 빼앗아가는 바람에, 진 제국 백성들이 크게 실망한 것은 말할 것도 없습니다.

강패도 변호사 진 제국 백성도 항우의 행동을 못마땅하게 여겼군요.

범증 그렇습니다. 또한 당시 참모들은 관중에 도읍을 세울 것을 건의했으나, 항우는 진 제국의 궁궐이 이미 불타 버려 폐허가 된 것을 꺼려 했습니다. 그리고 내심 고향인 강동으로 돌아가고픈 생각이 있어, "부귀하게 된 후 고향으로 돌아가지 않는 것은 마치 **의수야행**과 같소"라며 거절했습니다. 건의한 참모는 물러나오는 길에 크게 탄식하며 "사람들이 초나라 사람을 두고 말하기를, **원숭이를 목욕시킨 후 관을 씌운 것 같다**고 하더니 과연 그러하다"라고 하였습니다.

의수야행
수놓은 비단옷을 입고 밤길을 다니는 것을 말합니다. 오늘날 사용되는 '금의야행(錦衣夜行)'은 『사기』의 「항우본기」에 나오는 의수야행이 변용된 것입니다. 『한서』는 『사기』의 이 대목을 그대로 옮기면서 '의수(衣繡)'를 '의금(衣錦)'으로 바꿔 놓았습니다. 이것이 훗날 다시 바뀌어 '금의야행'이라는 성어로 굳어진 것입니다.

"원숭이를 목욕시킨 후 관을 씌운 것 같다"
여기서 목후이관(沐猴而冠)이라는 성어가 나왔습니다. 이는 아무리 높은 자리에 올라 화려한 겉모습을 지닐지라도 사실은 저속하고 비천한 속마음을 벗어나지 못한 자를 뜻합니다.

암군

현명하지 못하고 어리석은 군주를 말합니다.

강패도 변호사   원고 항우는 참으로 어리석은 인물이었군요.

범증   그렇습니다. 항우는 그 말을 듣자마자 그를 삶아 죽였습니다. 항우의 **암군**(暗君) 행보가 이때부터 시작되었다고 볼 수 있지요. 유방이 훗날 천하를 통일할 수 있었던 이유는 항우가 홍문지회 때 어설픈 '왕도' 행보를 보인 데서 비롯되었다고 해도 과언이 아닙니다.

강패도 변호사   그렇다면 증인이 말하는 항우의 '왕도'란 홍문지회에서 유방을 보내준 모습만을 두고 하는 말이군요. 그것도 어설픈 것이었고요.

범증   네, 그렇다고 볼 수 있습니다.

강패도 변호사   이상입니다.

원고 항우 측 증인으로 나온 범증이 항우가 어설프게 '왕도'를 펼쳤다고 말하자, 강패도 변호사는 의기양양해졌다. 제왕도 변호사는 강패도 변호사에게 보기 좋게 당했다는 생각에 얼굴이 붉게 달아올랐다.

제왕도 변호사   흠흠. 다음 신문으로 넘어가겠습니다. 실제로 관중을 차지하기 위해 큰 힘을 발휘한 것은 항우인데, 먼저 점령한 것은 유방이란 말이죠. 초 회왕은 관중 땅을 누구에게 주려 했나요?

범증   당시 항우가 초 회왕에게 사람을 보내 관중 문제에 대해 질문하자, 초 회왕은 약속대로 한다는 회신을 보내 왔습니다. 즉 약속대로 관중에 가장 먼저 도착한 유방에게 관중을 주겠다는 것이었죠.

제왕도 변호사　증인은 이러한 초 회왕의 결정을 어떻게 생각합니까? 큰 공을 세운 것도 아닌데, 단지 먼저 점령하였다고 땅을 주는 것이 옳습니까?

범증　제 생각에 초 회왕은 끝까지 항우를 견제하고자 했던 것 같습니다.

제왕도 변호사　초 회왕의 결정을 옳다고 보는 것은 아니라고 받아들이겠습니다. 그런 결정이 내려지자 항우는 어떻게 했나요?

범증　초 회왕의 결정을 받아들일 수 없었던 항우는 초 회왕을 '의제(義帝)'로 높이면서, 장강 남쪽의 침(郴) 땅에 도읍을 정하게 했습니다. 당시의 실권자가 항우였기 때문에 가능했던 일이었죠.

제왕도 변호사　과연 그렇군요. 항우는 초 회왕을 의제로 높여 주는 '왕도'를 행하였군요. 이상입니다.

강패도 변호사　그게 무슨 왕도입니까? 겉으로는 의제로 높여주는 척하면서 사실은 변방으로 쫓아낸 것 아닙니까!

　　제왕도 변호사가 묵묵부답하며 서둘러 자리에 앉자, 강패도 변호사가 신문을 이어 나갔다.

강패도 변호사　그렇다면 유방은 어떤 땅을 얻었습니까?

범증　저는 유방이 장차 틀림없이 반기를 들 것으로 생각했습니다. 항우도 그에 대한 의심을 거두지는 않았습니다. 그러나 이미 진 제국을 멸망시키는 일이 끝난 데다 화해를 한 마당에 약속을 어길 수는 없었습니다. 그래서 저는 "유방을 파촉(巴蜀)과 한중(漢中) 지역의 왕으로 봉하십시오. 그곳은 길이 험하기는 하나 진 제국 때부터 사람들을 옮겨 살게 했던 곳입니다. 그러니 이들 지역 역시 관중 지역에 해당된다고 말하면 대놓고 반발하기 힘들 것입니다"라고 항우에게 건의하였습니다.

강패도 변호사　초 회왕과 더불어 유방 역시 변두리 지역으로 내쫓은 것이군요. 그런데 이후 초 회왕이 뜻밖의 사고로 갑자기 죽은 것은 무슨 이유에서였습니까?

범증　항우의 책임은 아니라고 봅니다. 역사서에는 기원전 205년 10월에 항우가 은밀히 구강왕 영포와 형산왕 오예, 임강왕 공오에게 명하여 초 회왕을 죽인 것으로 기록되어 있습니다. 그러나 아무런 힘도 없는 초 회왕을 처치하는 데 막강한 무력을 가진 이들이 모두 동원되었다는 것은 이치에 맞지 않습니다. 대략 구강왕이 항우의 의중을 헤아려 제거한 것으로 해석하는 것이 옳을 것입니다.

강패도 변호사　항우의 의중을 헤아렸다는 것은 항우가 은밀히 그러한 뜻을 비추었다는 것이 아니겠습니까?

범증　그것은 제가 알 수 없는 부분입니다. 다만 초 회왕이 죽은 것은 항우에게 아무런 도움이 되지 않았습니다. 천자를 옆에 끼고 천하의 제후들을 호령하는, 소위 '협천자(挾天子) 영제후(令諸侯)' 방식을 최초로 시도한 것이 항우였지요. 훗날 ▶삼국 시대의 조조가 한헌제(漢獻帝)를 허수아비로 두고 천하를 호령한 것도 이를 흉내 낸 것이었고요. 그러나 항우와 조조는 몇 가지 점에서 차이가 있었습니다. 우선 조조는 끝까지 한헌제를 옆에 끼고 천하를 호령했으나 항우는 그리 하지 못했습니다. 나아가 조조는 한헌제를 살려둔 후 자신의 아들인 조비가 황제의 자리를 선양받도록 세심하게 배려했지요. 그러나 항우는 이런 인내심을 발휘하지 못했습니다. 천하의 제후들을 순차적으로 제압하기 위해서라도 반드시 초 회왕을 살려 두었어야 했는데 항우는 그리 하지 않은 것입니다.

강패도 변호사   그렇지요. 항우는 삼국 시대의 조조에 미치지 못하는 인물이었습니다.

범증   당시 상황에서 볼 때 초 회왕의 존재는 그다지 중요하지 않았습니다. 실질적인 무력은 항우가 장악하고 있었기 때문입니다. 그럼에도 불구하고 항우는 초 회왕을 거추장스럽게 생각한 것입니다. 이는 조조와 항우의 그릇 차이로 해석할 수밖에 없습니다.

범증의 말이 끝나자 방청석과 배심원석은 일순간 떠들썩해졌다.

"항우는 그릇이 작았던 게 확실해!"

"글쎄 말이야, 범증의 말을 안 들은 탓에 패망한 것이지!"

선양
황제의 자리를 다른 성씨의 사람에게 넘기는 것입니다.

교과서에는

▶ 후한 멸망 후 중국은 위, 촉, 오의 삼국으로 나뉘었다가 3세기 말에 진에 의해 통일되었습니다.

항우는 왜 사면초가에
빠진 것일까?

떠들썩한 와중에 범증이 증인석에서 내려가자 강패도 변호사가 증인을 신청하였다.

강패도 변호사　　재판장님, 새로운 증인을 부르고자 합니다. 증인 한신을 불러 주십시오.

한신이 증인 선서를 하자 판사가 간략히 자기소개를 해 줄 것을 주문했다.

한신　　저는 회음 사람으로 집안이 가난해 관원이 될 기회가 없었습니다. 하는 일 없이 지내다가 항량의 군사가 되었지만 공을 세우지 못했지요. 나중에 항우에 소속되어서도 궁궐 수비를 했을 뿐입니다. 저는 자주 항우에게 계책을 올렸으나 항우는 이를 채택하지 않았습니다. 저는 크게 실망한 나머지 유방에게 갔지요.

강패도 변호사   증인은 유방에게서 어떤 대우를 받았습니까?

한신   처음에는 유방도 저를 대수롭지 않게 여겼습니다. 오히려 다른 사람의 죄에 연루되어 참수당할 처지에 놓이기도 했었죠.

강패도 변호사   그렇다면 증인은 어떻게 유방의 신임을 얻어 대장군이 된 것입니까?

한신   우연한 기회에 유방의 최측근인 소하와 이야기를 나누게 되었습니다. 소하는 단박에 저의 재주를 알아보았죠. 소하가 저를 여러 번에 걸쳐 강력히 천거한 까닭에, 마침내 유방이 저를 대장군에 임명했던 것입니다.

강패도 변호사   존경하는 재판장님, 그리고 배심원 여러분! 일개 병사로 있던 한신이 일약 대장군이 되어 그 능력을 마음껏 펼치게 된 것은 바로 유방이 한신의 능력을 알아주었던 점에서 비롯된 것입니다. 이는 유방이 항우와 달리 황제의 자질을 지니고 있었음을 뒷받침하는 것입니다.

강패도 변호사가 다시 한신에게 물었다.

강패도 변호사   증인은 대장군이 된 후, 유방에게 어떤 계책을 올렸습니까?

한신　　지는 항우를 섬긴 적이 있기 때문에 항우와 유방을 비교할 수 있었습니다. 다행히도 유방은 자신이 개인적인 능력에서는 항우에 미치지 못한다는 것을 잘 알고 있었습니다. 유방은 용맹스러우면서도 사람을 대할 때는 인자한 모습을 보였습니다. 말하는 것이 화기애애하고, 다른 사람이 질병에 걸리면 울면서 음식을 나눠 먹기도 했지요. 그러나 항우는 오히려 자신의 뛰어난 능력 때문에 현명하고 유능한 장수에게조차 일을 믿고 맡기지 못했습니다. 공을 세운 자에게 마땅히 벼슬을 내려야 할 때에도, 장수의 인장(印章)을 만들어 놓고 만지작거리며 차마 수여하지를 못했습니다. 그것은 항우의 속좁은 행위였지요.

강패도 변호사　　증인은 원고 항우에 대해 잘 알고 있군요.

한신　　항우는 비록 천하의 패권을 차지해 제후들을 신하로 삼고 있으나, 천하의 중심인 관중에 머물지 않고 동쪽에 치우친 팽성에 도읍을 세웠습니다. 또한 사사로운 감정에 따라 왕을 봉했습니다. 옛 왕을 쫓아낸 뒤 그 밑의 장수와 재상을 왕으로 삼기도 했지요. 그가 지나간 곳은 모두 파괴되었으니, 백성들은 그에게 기대지 못하고 다만 그의 강압에 겁을 먹고 있었습니다. 그는 '왕 중의 왕'인 '패왕'을 칭했으나 실제로는 천하 백성들의 마음을 얻지 못했습니다.

강패도 변호사　　그렇다면 항우는 '왕도'를 추구한 것이 아니라 '패도'를 추구한 것이군요.

한신　　그렇습니다. 항우는 '왕도'와는 거리가 멀었죠. 그리하여 저는 유방에게 항우가 한 것과 정반대로 할 것을 건의했습니다. 그리

배수진
강이나 바다를 뒤로 하고 진을 치는다는 것으로 병사들이 물러서지 못하고 힘을 다하여 싸우도록 하여 적군을 물리치는 것을 말합니다.

정형관
'정형관'의 '형(陘)'은 산맥이 끊긴 두 산 사이가 좁게 형성되어 '구(口)'의 형상을 이룬 곳을 말합니다. 지키기는 쉽고 공격하기는 어려운 험난한 땅입니다. 태항산맥에는 이런 험난한 지역이 모두 8곳 있으며, 정형관은 그 중 다섯 번째에 해당합니다.

고 관중을 탈환할 계획을 짜기 시작했죠.

강패도 변호사　증인 한신과 유방의 만남은 삼국 시대의 제갈량이 유비를 만난 것과 같군요. 물고기가 물을 만난 '수어지교(水魚之交)'에 비유할 수 있을 듯합니다. 유방이 이내 관중을 점령하게 된 것도 증인의 계책을 따른 결과가 아니겠습니까?

한신　그렇습니다. 당시 유방은 대군을 이끌고 관중의 중심지인 옹(雍) 땅으로 쳐들어가 곧바로 점령하였습니다. 이리하여 관중에 입성한 유방이 여세를 몰아 다른 지역을 공격하자, 지역의 왕들이 이내 항복하거나 스스로 군사를 이끌고 와 유방을 따랐습니다. 이는 유방의 덕망이 널리 알려진 결과였습니다.

강패도 변호사　증인은 항우에게 동조하는 조나라를 공격하면서 그 유명한 배수진(背水陣)을 쳐 승리를 거둔 바 있습니다. 당시 상황을 말해줄 수 있습니까?

한신　기원전 204년 10월, 저는 유방의 명을 받고 군사를 이끌고 가 진여가 지키는 정형관을 공격했습니다. 당시 이좌거가 진여에게 건의하기를, "정형관의 길은 매우 좁아 수레 두 대가 나란히 갈 수 없기 때문에 행군의 길이가 수백 리에 이를 것입니다. 군량이 후미에 있을 것이니 저에게 군사 3만 명을 주십시오. 샛길로 가서 그들의 군수 물품 수레를 끊어 버리겠습니다. 그리되면 저들은 앞으로 나아가 싸울 수도 없고, 뒤로 물러나 도망칠 수도 없게 됩니다"라고 건의

왜 항우와 유방은 홍문에서 만났을까?

했습니다.

강패도 변호사   이좌거의 계책은 적절했나요?

한신   사실 진여가 이좌거의 말을 따랐다면 우리는 패하고 말았을 것입니다. 그러나 진여는 입만 열면 '왕도'를 떠든 자였습니다. 그는 늘 의로운 군사를 자처하며 용병술을 쓰지 않았습니다. 저는 진여가 이좌거의 계책을 쓰지 않은 것을 알고는 크게 기뻐했지요.

강패도 변호사   그렇다면 이후 공격을 어떻게 했나요?

한신   곧바로 군사를 이끌고 적진이 있는 정형관으로 내려가 가까운 곳에 영채를 세우고는 한밤중에 출격 명령을 내렸습니다. 먼저 날쌘 기병 2천 명에게는 한나라를 상징하는 붉은 깃발을 가지고 산속에 몸을 숨기게 했습니다. 저는 그들에게 "조나라 군사는 내가 도망치는 것을 보면 반드시 영루를 비우고 나를 쫓아올 것이다. 그때 속히 저들의 영루 안으로 들어가 조나라 깃발을 뽑아낸 뒤 우리 한나라의 붉은 깃발을 세우도록 하라"고 명령해 두었지요. 그러고는 1만 명의 군사들로 공격함과 동시에 배수진을 쳤습니다.

강패도 변호사   이를 보고 조나라는 어떻게 했나요?

한신   조나라 군사들은 이를 바라보며 크게 웃었지요. 새벽을 넘긴 시점에 제가 대장군의 깃발을 세운 뒤 북을 치며 정형관에서 빠져나가자 이를 본 조나라 군사들은 제가 철군하는 것으로 생각해 이내 영루의 문을 열고 공격해 왔습니다. 큰 전투가 제법 오래 지속되었습니다. 도중에 저는 깃발과 북을 거짓으로 버리고 물가에 세운 영채 쪽으로 도주했습니다. 그러자 조나라 군사들이 완승을 거눌 생각으로 영루를 비운 채 총출동하여 제 뒤를 쫓았습니다.

강패도 변호사   그래서 전쟁은 어떻게 결말이 났나요?

한신   배수진을 친 우리 병사들이 결사적으로 싸우자 접전이 오랫동안 지속되었습니다. 그 사이에 제가 매복시켰던 기병 2천 명이 조나라 영루로 들이친 뒤 조나라 깃발을 모두 뽑아 버리고 한나라의 붉은 깃발 2천 개를 세웠습니다. 조나라 군사들은 저를 잡는 게 어렵게 되자 자신들의 영채로 돌아가다가 온통 한나라의 붉은 깃발로 둘러쳐져 있는 것을 보고는 크게 놀랐지요. 이들은 한나라 군사가 이미 영채를 접수한 것으로 생각해 사방으로 도주하기 시작했습니다. 이리하여 저는 진여의 목을 베고 조나라의 왕 조헐을 사로잡게 되었습니다.

강패도 변호사   참으로 탁월한 용병술(用兵術)입니다. 그러나 배수진은 병법에서 말하는 일반적인 용병술과 반대되는 것이 아닙니까?

한신   꼭 그런 것은 아닙니다. 병법에 이르기를, ▶"사지(死地)에 빠진 뒤에야 살아서 돌아올 수 있고, 망지(亡地)에 놓인 뒤에야 생존할 수 있다"고 하였습니다. 병사들을 사지에 두어 각자 스스로 있는 힘껏 싸우게 만드는 것이지요. 그들에게 사방으로 도주가 가능하여 살아날 수 있는 곳을 제공했다면 모두 달아나고 말았을 것입니다.

강패도 변호사   아, 그렇군요! 과연 증인은 탁월한 군사 고문입니다. 증인의 승리에도 불구하고 당시 유방이 항우

교과서에는

▶ '사지(살아나지 못할 위험한 곳)' 및 '망지(패망이 우려되는 곳)'와 관련해 『손자병법』의 구지(九地)편은 '급하게 싸우면 살아남고, 싸우지 않으면 패망해 죽음의 땅이 된다'고 기록해 놓았습니다. 삼국 시대의 조조는 여기에 주석을 달기를, '앞에 높은 산이 있고, 뒤에 강물이 있어 나아갈 수도 없고 물러나려고 해도 장애가 있는 곳을 말한다'고 했습니다.

에게 크게 패하게 된 것은 어찌 된 일입니까?

한신　거기에는 여러 가지 이유가 있었습니다. 제가 조나라를 칠 당시 제나라가 항우에게 반기를 들자 항우는 제나라와 수차례 싸우며, 그곳에 오래 머물러 있었습니다. 그래서 유방은 손쉽게 항우의 나라 '서초'의 도성인 팽성을 점령할 수 있었습니다. 당시 팽성에 입성한 유방은 날마다 성대한 술잔치를 벌였지요. 그때, 팽성이 점령 당했다는 소식을 들은 항우는 제나라 공격을 휘하 장수들에게 맡긴 뒤 직접 정예 병사 3만 명을 이끌고 급히 팽성으로 돌아왔습니다. 항우의 군사가 팽성에 이르자, 승리에 들뜬 나머지 방비를 소홀히 했던 유방의 군사들이 당황하여 사방으로 도주했습니다. 이때 팽성 주변의 강에 빠져 죽은 자가 무려 10만여 명이나 되었습니다.

　유방은 독 안에 든 쥐나 다름없었습니다. 자만에 빠진 결과였어요. 그러나 공교롭게도 갑자기 큰바람이 일어나고 대낮이 그믐날 밤처럼 어두워졌습니다. 이를 틈타 유방은 기병 수십 명만 이끌고 간신히 달아날 수 있었습니다. 이것은 하늘이 도왔다고 볼 수밖에 없습니다. 이후 항우와 유방은 서로 비슷한 세력을 유지하게 되었지요.

강패도 변호사　양측이 팽팽히 대치할 당시, 유방은 항우의 군사가 쏜 화살에 맞아 큰 위기를 맞은 적도 있지 않습니까?

한신　그렇습니다. 기원전 203년 10월 항우는 광무(廣武)에서 유방과 대치 상태에 있었습니다. 몇 달 후 초나라의 군량이 떨어지기 시작하자, 항우는 유방의 아버지인 태공(太公)을 포로로 잡은 뒤 유방을 협박했습니다. 그러나 유방은 항복하지 않았습니다. 항우가 화가 나 태공을 죽이려고 하자 막내 숙부인 항백이 간신히 말렸지요.

　그러자 항우는 "천하가 흉흉한 지 이미 여러 해가 되었소. 이는 오직 우리 두 사람으로 인한 것이오. 나는 유방과 직접 자웅을 겨루고 싶소. 이는 천하의 백성을 이유 없이 수고롭게 하지 않으려는 것이오"라고 말했습니다.

강패도 변호사　그런 말을 듣고서 유방도 가만히 있지 않았을 것 같군요.

한신　아닙니다. 이 말을 들은 유방은 웃으며 지혜로 다툴지언정 힘으로 다툴 수는 없다며 사양했습니다. 얼마 후 두 사람은 광무산의 계곡을 사이에 두고 서로 입씨름을 하게 되었는데요. 항우가 속히 싸울 것을 청하였으나 유방은 항우의 죄목을 일일이 열거하며 대응할 뿐이었습니다. 그러자 크게 화가 난 항우는 매복한 궁수에게 명하여 유방을 쏘아 맞히게 했습니다. 이에 유방이 가슴에 상처를 입고 말았어요. 그러나 그는 담담하게 발을 어루만지더니, "놈들이 내 발가락을 맞혔구나"라고 말하며 딴청을 부렸습니다.

강패도 변호사　과연 유방은 비범한 인물이었군요.

한신　그렇습니다. 당시 책략가 장량은 군사들을 안심시키기 위해 유방에게 직접 군중을 돌며 군사들을 위로할 것을 건의했습니다. 유방이 이를 따라 아픈 내색을 전혀 하지 않은 채 군중을 돌며 병사들을 위로했습니다. 이는 천하를 거머쥐고자 하는 큰 뜻이 있었기에 가능했던 일입니다.

강패도 변호사　잘 알겠습니다. 아픔을 참고 병사들을 위로하다니,

　왜 항우와 유방은 홍문에서 만났을까?

참으로 감격적인 장면이군요. 근데 제가 살펴보니, 역사서에는 증인이 괴철(蒯徹)의 말을 듣고 제나라의 왕이 된 것으로 기록돼 있습니다. 무슨 사연이 있는 것입니까?

한신　깊은 사연이 있습니다. 제가 제나라 왕 전광을 사로잡고 영토를 완전히 장악하자 유방이 크게 기뻐하며 즉시 군사를 몰고 오라는 명을 내렸습니다. 군사를 합쳐 단숨에 초나라를 치려는 심산이었지요. 당시 저는 제나라의 수도인 임치에 주둔하고 있었는데, 처음으로 맛보는 호사로운 생활에 정신을 못 차릴 정도였습니다. 이때 저의 참모인 괴철이 "제나라는 사방이 요새처럼 탄탄해 그야말로 동방의 대국이라 할 수 있습니다. 장군이 제나라를 평정하니 모든 군현이 장군에게 복종하고 있습니다. 지금 유방에게 사람을 보내 제나라 땅을 보다 쉽게 지키기 위해 장군을 임시적으로 왕에 봉해달라는 청을 올리십시오. 그래야 기반을 다질 수 있습니다"라고 건의했습니다. 제가 그 말을 받아들여 유방에게 사신을 보내자, 유방은 크게 화를 냈습니다. 그러나 장량과 진평이 저의 욕심을 채워주고 초나라를 함께 공격하는 것이 낫다고 유방에게 간언했지요. 그리하여 얼마 후 유방은 장량에게 제나라 왕의 옥새를 주고 제나라로 보내어, 저를 왕에 봉하도록 조치했습니다. 그때 장량이 저에게 초나라 토벌 방안을 얘기했고, 저는 흔쾌히 승낙했지요.

강패도 변호사　　당시 증인은 항우의 협력 제의를 거부했다고 하는데, 거부한 이유가 이 때문이었군요?

한신　　지금 생각하면 참으로 후회막급입니다. 당시 항우는 사람을 보내 저를 설득하고자 했습니다만, 유방에게 은혜를 입은 저로서는 이를 선뜻 받아들이기가 어려웠습니다. 설득에 실패한 항우는 자신이 고립되어 있다는 사실을 심각하게 느끼기 시작했지요. 저까지 초나라 공격에 가세하는 상황이 빚어지자 유방의 우세를 인정하지 않을 수 없게 된 것입니다. 이때 마침 유방이 사람을 보내 자신의 아버지를 풀어줄 것을 청하자, 항우는 이를 계기로 유방과 함께 천하를 반으로 나눠 가질 것을 제안했습니다. 이에 두 사람은 맹약을 맺고

　　왜 항우와 유방은 홍문에서 만났을까?

홍구(鴻溝)의 서쪽은 한나라, 동쪽은 초나라가 차지하기로 했습니다. 한편, 제가 다스리고 있던 제나라는 사실 독립 왕국이나 다름없었습니다. 저는 두 사람 사이에서 일종의 균형추 역할을 하고 있었던 셈이지요.

강패도 변호사 그럼 사이좋게 천하를 둘로 나눠 가지게 된 것입니까?

한신 그렇게 되지는 않았습니다. 항우는 태공을 유방에게 보낸 후 팽성으로 철군하기 시작했지만, 유방은 관중으로 돌아가지 않았지요. 당시 장량과 진평이 "지금 초나라의 군사는 피로에 지쳐 있고 식량도 떨어진 상황입니다. 바야흐로 하늘이 준 기회입니다. 지금 초나라를 공격하지 않으면 이는 호랑이를 풀어 주어 근심거리를 남기는 셈이 됩니다"라며 철군을 만류했기 때문이었습니다. 그러자 유방은 곧 저와 위나라 상국으로 있던 팽월에게 사신을 보내 초나라를 함께 칠 것을 종용하였습니다.

제왕도 변호사가 갑자기 일어나 끼어들었다.

제왕도 변호사 존경하는 재판장님, 그리고 배심원 여러분. 유방이 얼마나 비열한 행동을 했는지 지금 들으셨습니까? 유방은 천하를 둘로 나누어 가지자는 항우와의 맹약을 저버리고 항우를 공격한 것입니다. 유방은 이렇게 비열한 방법을 써서 항우를 물리치게 된 것입니다.

강패도 변호사 그렇지 않습니다. 만약 한신이 항우와 협력했다면 유방 또한 위험에 처했을 것입니다. 난세에 그러한 맹약이 부질없다는 것은 누구나 알고 있는 사실입니다. 항우가 패배한 이유는 바로 자신의 안일한 생각 때문입니다.

판사 두 변호사의 말이 모두 일리가 있군요. 일단은 증인의 진술을 더 들어 보겠습니다. 증인, 계속 진술해 주세요.

한신 당시 저와 위나라 상국 팽월은 항우와 유방 사이의 공방에 적극적으로 개입하지는 않았습니다. 왜냐하면 상황을 좀 더 지켜보고자 했기 때문입니다. 저로서는 여러 가능성을 염두에 두지 않을 수 없었습니다. 이를 눈치챈 장량은 팽월에게 땅을 주어 위나라 왕으로 봉하고, 저에게도 땅을 더 떼어줄 것을 유방에게 건의하였습니다. 그렇게 한 후 우리로 하여금 항우와 싸우게 하면 항우를 쉽게 격파할 수 있다는 계략이었습니다.

강패도 변호사 그래서 증인은 유방의 군대와 연합하게 되었군요.

한신 그렇습니다. 유방이 장량의 계책을 따라 행하자 마음이 흡족해진 저와 팽월은 곧 유방의 군사와 합세해 항우의 군사를 격렬히 몰아붙이기 시작했습니다. 마침내 기원전 202년 12월에 항우는 우리 연합군에게 대패하여 해하(垓下)에 이르게 되었습니다. 궁지에 몰린 항우는 군사도 적고 식량도 없는 까닭에 이내 영루 안으로 들어가 문을 굳게 걸어 잠갔습니다. 그러나 이는 자멸의 길이었습니다. 유방과 제후들의 군사가 속속 도착해 이들을 여러 겹으로 포위하였기 때문이지요. 그러던 어느 날, 밤중에 문득 사방에서 초나라 노래가 구슬프게 흘러나왔습니다.

왜 항우와 유방은 홍문에서 만났을까?

강패도 변호사   그 유명한 '사면초가'이군요.

한신   그렇습니다. 지금까지는 초나라 병사들의 사기를 꺾기 위해 한나라 병사들이 초나라 노래를 부른 것으로 알려져 있으나 사실은 한나라 병사들이 고향을 생각하며 자연스럽게 부른 것입니다. 왜냐하면 한나라 병사들도 초나라 병사들과 마찬가지로 초나라 출신이 대부분이었기 때문이지요. 이들이 초나라 노래를 부른 것은 극히 자연스러운 일이었습니다.

강패도 변호사   그렇군요. 당시 항우는 무엇을 하고 있었나요?

한신   항우는 밤중에 초나라 노래를 듣고 크게 놀라 탄식했습니다. 그러고는…….

　　증인 한신은 입을 다물고 무엇을 생각하는 듯하였다. 그러고는 원고석의 항우를 바라보았다.

한신   아무래도 이후의 일들은 항우가 직접 말하는 것이 나을 듯합니다. 차마 제 입으로 말할 수가 없군요.

강패도 변호사   알겠습니다. 이후의 진술은 원고 항우에게 부탁드리겠습니다.

　　모두의 시선이 항우에게로 향하자, 항우는 잠시 고민하고는 이내 말문을 열었다. 항우는 비장한 목소리로 천천히 자신의 최후를 진술하였다. 그의 목소리는 약간 떨리고 있었고 눈시울은 점점 붉어졌다.

항우　좋소, 내가 말하겠소. 그때 나는 한밤중에 일어나 장막 안에서 술을 마셨소. '사면초가(四面楚歌)'에 크게 감정이 북받친 나는 ▶내가 아끼던 말인 추(雛)와 부인 우(虞)미인에 대한 시를 지었지. 내가 눈물을 흘리며 이 시를 여러 차례 읊조리자 우미인은 물론 좌우의 신하들이 모두 함께 따라 울었소. 나는 비통함을 참지 못해 우미인의 목을 치고 애마인 추에 올라탄 뒤 휘하 장수 8백 명과 함께 포위망을 뚫고 남쪽으로 내달렸소. 한나라 군사들은 이 사실을 날이 밝은 후에야 알아차리고 추격해왔지.

강패도 변호사　가까스로 탈출은 했지만, 음릉(陰陵) 땅에 이르러서는 길을 잃고 늪에 빠졌다고 들었는데요.

항우　그렇소. 갈림길에서 그곳의 농부에게 길을 물었는데, 농부가 길을 속여 말했던 것이었소. 그래서 큰 늪지에 빠지고 말았지. 지금 돌이켜보면 농부는 어느 쪽이든 이겨서 빨리 싸움이 끝나기만을 고대했던 것 같소. 간신히 늪에서 빠져나온 나는 다시 군사를 이끌고 질주하며 "군사를 일으킨 지 8년이 되어 모두 70여 차례 싸웠지만, 나는 한 번도 져 본 적이 없는 '패왕'이다! 지금 곤경에 처하게 되었으니, 이는 내가 싸움을 잘못해서가 아니라 하늘이 나를 망하게 하려는 것이다. 오늘 죽음을 결심했으니 제군들을 위해 통쾌하게 싸우다 죽고자 한다. 반드시 포위를 깨뜨리고, 적장의 목을 치고, 적의 깃발을 쓰러뜨릴 것이다!"라고 외쳤소. 그리고 동성(東城)에 이르렀을 때 나의 군사는 겨우 28명이 남았지.

▶『사기』의 「항우본기」에 나오는 시입니다. 『자치통감』은 후대에 널리 애송된 항우의 시를 누락시켰는데, 이는 항우의 시가 후대 사람이 만들어 덧붙인 것이라고 보았기 때문입니다. 시는 다음과 같습니다.

"힘은 산을 뽑고 기개는 세상을 덮을 만하네!/ 시운이 불리하여 추(雛) 또한 나아가지 않네!/ 추가 나아가지 않으니 이를 어찌해야 하는가?/ 우(虞)여, 우여, 그대를 어찌해야 좋단 말인가?"

　왜 항우와 유방은 홍문에서 만났을까?

그에 비해 추격해오는 한나라 기병은 수천 명에 달했소. 나는 싸우고 달리는 것을 반복하면서 오강(烏江)에 도착했지. 이때 미리 배를 준비시켜 놓고 기다리던 장수들이 내게 속히 강을 건널 것을 간청했소.

강패도 변호사　근데 왜 강을 건너지 않았습니까? 강을 건넜다면 다시 세력을 키워 훗날을 도모할 수 있었을 텐데요.

항우　허허. 하늘이 나를 망하게 했는데 내가 강을 건너 무엇하겠소? 나는 천하 통일의 꿈을 안고 그 강을 건너 혼란스러운 세상으로 나왔소. 이제 유방에게 패해 한 사람도 돌아오지 못하게 되었는데, 내가 무슨 면목으로 강동 사람들을 보겠소? 설령 그들이 아무 말하지 않을지라도 나는 스스로의 수치심을 참을 수 없었을 것이오.

강패도 변호사　그럼 강을 건너지 않고 어떻게 했습니까?

항우　나는 맞서 싸웠소. 달려드는 한나라 군사 수백 명을 물리쳤으나 나 또한 십여 군데를 창에 찔렸지. 그때 마침 옛 친구였던 여마동이 눈에 띄었소. 한나라 군사가 된 여마동은 나를 죽이려 칼을 겨누고 있었소. 나는 "그대는 나의 옛 친구가 아니던가!"라며 탄식할 수밖에 없었지. 여마동은 손가락으로 나를 가리키며 "이 사람이 항우다!"라고 큰소리로 외쳤소. 나는 더 큰소리로 "내가 듣건대 한나라에서 나의 시신을 1천 금과 성읍 1만 호에 산다고 하니 내가 너를 위해 덕을 베풀겠다!"라고 외쳤소. 그러고는 스스로 들고 있던 칼로 목을 찔렀지. 내가 쓰러지자 한나라 병사들은 나의 시신을 가지기 위해 서로 싸웠소. 이때 서로 죽고 죽인 자가 수십 명이 되었지. 결국 여마동을 포함해 5명이 나의 시신을 한 쪽씩 나눠 가졌고, 이들은 모두 제후에 봉해져 나의 영토를 5개로 나눠 가지게 되었소.

항우가 진술하는 내내 조용했던 방청석은 진술이 끝나자 숙연해지기까지 하였다. 어느 정도 시간이 흐르자 방청객들은 수군거리기 시작했다.

"난세에는 유방처럼 강력한 '패도'를 구사해야만 해."

"맞아, 당시 항우처럼 '왕도'를 좇는 것은 패망의 길이잖아."

"무슨 소리야? 유방은 시종 비열한 속임수를 썼잖아?"

판사 자, 이제 시간이 되어 휴정을 선언하고자 합니다. 오늘 재판에서는 원고 항우가 천하를 호령하면서 '패왕'을 자처했다가 이내 유방에게 패배하게 된 배경을 소상히 살펴보았습니다. 오늘 재판은 이것으로 마치겠습니다.

땅! 땅! 땅!

초한지제의 역사

연대	사건
(기원전)	
210년	진시황이 죽고 막내 아들 호해가 2세 황제로 즉위
209년	진승이 농민 반란군을 일으키자, 항우와 유방이 이에 가담
208년	진승이 죽음
207년	항량이 진 제국의 장수 장함에게 패하여 죽음
206년	유방이 관중(關中)에서 물러나 한중으로 떠남
205년	항우가 서초 패왕이 되어 18왕을 세운 뒤 초 회왕을 죽임
204년	유방이 관중을 다시 점령함
203년	항우와 유방이 홍구를 중심으로 천하를 양분하기로 맹약을 맺음
202년	유방에게 패한 항우가 스스로 목숨을 끊음
	유방이 황제로 즉위함
196년	유방이 한신, 팽월, 영포 등의 개국 공신들을 죽임
195년	유방이 병으로 죽고, 아들 한혜제가 즉위함

다알지 기자

역사공화국 안팎의 소식을 가장 빠르고 정확하게 전해 드리는 역사공화국 법정 뉴스의 다알지입니다. 오늘은 초나라 항우 대 한나라 유방의 재판 둘째 날이었는데요. 마지막 부분에서 항우의 최후에 관한 이야기는 정말 숙연한 분위기를 자아냈다고 하는군요. 지금 양측 변호사가 나란히 법정을 나서고 있습니다. 두 변호사를 만나 보겠습니다. 제왕도 변호사, 잠깐만요. 진술 도중 항우가 눈물을 보였다는 이야기가 들리는데요. 어떤 상황이었습니까?

제왕도 변호사

항우는 자신의 입으로 말하기 힘든 부분을 말해야 했습니다. 영웅의 비극적인 최후 앞에서 모두 숨을 죽였지요. '왕도'를 행한 항우는 비열하게 길을 우회하여 먼저 관중을 점령한 유방을 용서하고 홍문지회를 열었습니다. 또한 유방과 천하를 둘로 나누어 가지자는 맹약을 하고 철군하였지요. 그러나 유방은 항우의 '왕도'를 이용하여, 철저하게 비열한 행동을 일삼았습니다. 이러한 행동은 한 제국 성립 후에도 개국 공신들을 토사구팽 하는 것으로 이어집니다. 마지막 재판에서는 그 부분을 집중적으로 파헤칠 예정입니다.

강패도 변호사

　유방이 관중에 먼저 입성한 것은 진 제국
타도라는 대의를 이루기 위해서였습니다. 실
제로 유방은 관중을 점령한 후 일체의 재물에 손
을 대지 않았습니다. 오히려 유방은 진 제국의 가혹한 법을 없애고 백
성들의 생활을 안정시켰지요. 반면 항우가 관중을 점령한 이후는 어땠
습니까? 온갖 재물을 약탈하고 궁궐을 불태우지 않았습니까? 또한 항
우가 홍문지회를 연 이유는 무엇이었습니까? 항우가 우유부단하여 실
행을 못했을 뿐이지 유방을 죽이려고 한 것 아닙니까? 그는 유방의 아
버지를 사로잡고는 협박까지 했습니다. 그런 협박 때문에 천하를 둘로
나누자는 맹약 또한 어쩔 수 없이 이루어진 측면이 큽니다. 그 맹약이
일시적인 것이라는 건 이미 서로가 알고 있었다고 봐야 하는 것이죠.

항우와 유방, 그들의 사람

진나라가 망한 뒤 중국 천하를 놓고 다투었던 항우와 유방 주위에는 여러 인물이 있었어요. 이 인물들이 있었기에 항우가 있었고, 유방이 있을 수 있었답니다. 항우와 유방은 물론, 그의 사람들을 만나보며 그들의 삶을 짐작해볼까요?

용맹한 무장, 항우

중국 진나라 말에 태어난 항우의 이름은 '적'이에요. 용맹하고 무예가 뛰어났던 항우는 초나라 명장의 손자로, 많은 이들에게서 최고의 장수로 평가받고 있어요. 항우는 스스로의 힘을 믿었으며 '내가 군사를 일으킨 후 8년 동안 70여 차례 싸우면서 단 한 번도 패한 적이 없다'고 말할 정도로 자부심이 매우 강했어요. 하지만 유방과의 마지막 전투에서 져서 31세의 젊은 나이에 스스로 목숨을 끊고 맙니다.

한나라의 제1대 황제, 유방

농부의 아들로 태어났으며 하급관리가 된 유방은 진나라 말기에 군사를 일으켰어요. 항우보다 앞서서 진나라의 항복을 받고 진의 가혹한 법률을 없애기도 하지요. 이 일로 항우에게 목숨의 위협을 받기도 하지만, 한신, 장량등의 유능한 신하와 장수의 도움으로 항우를 없애고 중국을 통일한답니다. 이후 황제에 오른 유방은 한나라를 세우게 되지요.

항우에게서 돌아선 신하, 한신

가난한 집에서 태어난 한신은 신분이 매우 낮았어요. 그래서 항우의 무리에 있었지만 중요한 일을 맡지는 못했지요. 항우 스스로 지나치게 거만하여 다른 이들의 재능을 알아보지 못하자 한신은 항우 곁을 떠나기로 결심해요. 결국 유방의 밑에 들어간 한신은 지략과 외교술로 여러 전투에서 재능을 발휘하지요. 이후 유방이 한나라의 황제가 되자 초나라의 왕이 되기도 합니다. 그러나 다른 이들의 모함을 받아 목숨을 잃게 되지요.

유방을 위기에서 구한 신하, 장량

한신, 소하와 함께 한나라를 건국한 3걸로 불리는 장량은 '장자방'이라고도 불려요. 유방으로부터 '군막에서 계책을 세워 천리 밖에서 벌어진 전쟁을 승리로 이끈 것이 장자방'이라는 평가를 받기도 했지요. 유방에게는 없어서는 안 되는 중요한 신하로 여러 차례 지혜롭게 유방을 위기에서 구해냈답니다.

유방은 왜 승리한 것일까?

1. 유방은 왜 한중으로 들어간 것일까?
2. 유방은 왜 궤도를 구사한 것일까?
3. 유방은 왜 토사구팽을 행한 것일까?

유방은 왜 한중으로
들어간 것일까?

판사 지금부터 마지막 재판을 시작하겠습니다. 먼저 피고 측 변호인부터 시작해 주시기 바랍니다.

강패도 변호사 존경하는 재판장님과 배심원 여러분! 오늘 저는 두 가지 사실을 확실히 증명해 보이도록 하겠습니다. 첫째는 '초한지제'가 수단과 방법을 가리지 않고 승리를 거두어야 했던 난세였다는 것이고, 둘째는 항우의 패망이 본인의 잘못에서 비롯된 것이지 결코 유방 때문이 아니라는 사실입니다. 재판장님, 이를 증명하기 위해 증인을 신청하겠습니다. 신청한 증인 장량을 불러 주시기 바랍니다.

장량이 나와 선서를 마치고 증인석에 앉자 강패도 변호사가 다가가 간략히 자기소개를 해줄 것을 청했다.

장량　저는 흔히 '장자방'으로 더욱 잘 알려져 있습니다. 저는 진시황을 암살하고자 시도한 적이 있었지요. 기원전 218년 순행에 나선 진시황이 박랑사(博浪沙)에 이르렀을 때 제가 고용한 사람이 진시황의 수레를 향해 쇠 방망이를 날렸습니다. 그러나 쇠 방망이가 다른 수레에 맞는 바람에 진시황은 운 좋게도 살아남을 수 있었습니다.

강패도 변호사　유방과는 어떻게 알게 되었나요?

장량　'진승·오광의 난'이 일어났을 당시, 저는 곧바로 유방의 진영에 합류했습니다. 이후 유방의 군사로 활약했지요. 훗날 홍문지회 때 유방을 위기에서 구한 공을 인정받아, 한 제국이 들어선 후에는 제후에 봉해졌습니다.

강패도 변호사　증인은 유방이 먼저 관중에 입성했음에도 불구하고, 항우의 명을 따라 순순히 관중을 버리고 한중으로 들어간 이유가 무엇이라고 생각합니까?

장량　거기에는 소하의 역할이 컸습니다. 당시 유방은 관중을 차지해야 하는데도 한중으로 쫓겨나게 되자 크게 화를 내며 항우를 공격하고자 했습니다. 그때 다른 참모들이 모두 동의했으나 소하만은 반대했습니다.

강패도 변호사　그 이유가 무엇인가요?

장량　소하는 당시의 군사력으로 항우를 이길 수 없다고 판단했습니다. 일단 한중에서 힘을 기른 후 다시 천하를 도모해야 한다고 말했지요. 당시 저도 나름대로 유방을 설득하는 데 일조했습니다. 저는 한중으로 들어갈 때 유방에게 이미 지나온 절벽 길을 모두 불태위 끊어 버릴 것을 권했습니다. 이는 첫째로 다른 제후들의 기습에 대비하고, 둘째로 항우에게 관중으로 진출할 의사가 없음을 짐짓 보여주기 위한 것이었습니다.

강패도 변호사 그랬군요. 그럼 적이었던 항우에 대해서는 어떻게 생각합니까?

장량 항우는 홍문지회에서 유방을 살려준 것을 두고 은혜를 베푼 것으로 해석하고 있으나 이는 사실과 다릅니다. 당시 유방을 살린 사람은 항우가 아니라 항백이었습니다. 어떻게든 항우가 천하를 거머쥘 생각이었다면 그 자리에서 유방의 목을 베는 게 옳았습니다.

강패도 변호사 그런데 왜 항우는 유방을 살려 주었나요?

장량 그것은 항우가 매우 우유부단한 인물이었기 때문입니다. 항우의 책략가로 있던 범증이 분통을 터뜨린 것은 당연했습니다. 초한지제와 같은 난세에 우유부단한 태도는 치명적입니다. 그는 기본적으로 황제의 자질이 부족했다고 볼 수밖에 없습니다. 결과적으로 유방에게는 잘 된 일이었지요.

강패도 변호사 원고 항우는 평소에도 이처럼 어리석은 판단을 했나요?

장량 물론입니다. 우선 항우가 관중을 점령한 후 천하의 중심지인 그곳을 수도로 삼지 않은 것을 들 수 있습니다. 당시 그는 관중을 불태워 잿더미로 만드는 어리석음을 범했습니다. 유방이 세운 한 제국은 물론 후대의 당 제국에 이르기까지 역대 왕조는 모두 함양 근처의 장안(長安)을 천하의 수도로 삼았습니다. 하지만 항우가 수도로

왜 항우와 유방은 홍문에서 만났을까?

삼은 팽성은 대륙의 동쪽에 치우쳐 있었기 때문에 천하의 수도로 삼기에 부족한 곳이었지요. 항우가 천하의 형세를 전혀 몰랐다고 말할 수밖에 없습니다.

강패도 변호사　항우의 어리석은 판단에는 또 어떤 것들이 있습니까?

장량　더욱 이해할 수 없는 것은 항우가 스스로를 패왕이라 칭한 점입니다. 왕 중의 왕이라는 의미를 지닌 패왕은 당시의 시대 상황에 맞지 않는 것이었습니다. 이미 전국 시대 중엽부터 백성들을 구하기 위해서는 강력한 군왕이 나타나 천하를 일사불란하게 다스려야 한다는 공감대가 형성돼 있었습니다. 진시황이 6국을 통합한 뒤 사상 최초로 황제를 칭하며 강력한 중앙 집권 체제를 마련한 것은 바로 이 때문이었습니다. 항우는 일개 지역의 맹주는 될 수 있었어도, 결코 진시황이나 유방처럼 천하를 다스리는 황제는 될 수 없었던 것입니다.

강패도 변호사　저도 그렇게 생각합니다. 그런데 지금 원고와 원고 측 변호인은 왕도를 운운하며 항우가 초한지제의 진정한 주역이라는 주장을 펴고 있습니다. 이에 대해 증인은 어떻게 생각하시는지요?

장량　한마디로 어이가 없습니다. 크게 보면, 항우는 춘추 시대 말기에 활약했던 오나라 왕 부차의 전철을 밟은 셈입니다. 당시 오나라 왕 부차는 왕도의 시대가 저물고 패도가 횡행하던 시대의 흐름을 읽지 못하고 왕도를 운운하다가, 결국 월나라 왕 구천에게 패하고 말았습니다. 항우 역시 천하대세에 눈을 감은 채 일시적인 승리에 도취된 나머지 스스로 패왕을 자처하며 이전의 봉건 질서로 되돌아가려 했지요. 그래서 결국 패망하게 된 것입니다.

강패도 변호사　　그렇지요. 정작 나라가 망하고 나면 어떻게 왕도를 펼치겠습니까?

장량　　맞습니다. 그리고 난세에 왕도를 행하는 것은 어리석은 일이지요. 이는 마치 따뜻한 지역에 사는 남쪽 사람이 북쪽으로 올라온 뒤, 추운 겨울날에도 옛날처럼 홑옷을 걸치고 있는 것과 마찬가지입니다. 봄·여름·가을·겨울의 변화가 그렇듯이 도도히 흐르는 천하대세의 흐름을 제대로 읽지 못하면 이내 패망할 수밖에 없습니다. 한때 천하를 호령했던 항우가 이내 유방에게 패해 비참한 최후를 맞은 이유가 여기에 있습니다.

강패도 변호사　　알겠습니다. 그럼 증인은 항우와 유방의 차이점이 뭐라고 생각합니까?

장량　　유방은 항우가 화려한 명분에 이끌려 패왕을 자처하며 천하를 호령할 때 일단 복종하면서 묵묵히 때가 오기를 기다렸습니다. 자신이 이미 점령한 관중을 포기하고 한중으로 들어간 게 그것이지요. 그러다가 마침내 제나라가 항우에 반기를 든 것을 계기로 천하가 다시 들썩이게 되자 머뭇거리지 않고 곧바로 일어나 마침내 천하의 주인이 된 것입니다.

강패도 변호사　　유방은 현명하게 기회를 노린 것이군요.

장량　　그렇습니다. 이에 비해 항우는 자결할 때조차 자신의 잘못으로 패망한 게 아니라 하늘이 자신을 버린 탓이라고 하며 끝까지 자신의 어리석음을 깨닫지 못했습니다. 그가 '왕도'와 '패도'를 운운

　　왜 항우와 유방은 홍문에서 만났을까?

하는 것은 패배자의 변명에 지나지 않습니다.

강패도 변호사　　존경하는 재판장님, 그리고 배심원 여러분! 증인의 증언대로, 왕도와 패도의 의미조차 제대로 알지 못한 채 욕심만 한 없이 많아 천하대세를 거스른 항우는 결국 스스로 패망할 수밖에 없었습니다. 이상입니다.

2

유방은 왜 궤도를
구사한 것일까?

강패도 변호사가 질문을 마치고 자리로 돌아가자 제왕도 변호사
가 자리에서 일어났다.

제왕도 변호사　판사님, 증인에게 반대 신문을 하고자 합니다.

판사　허락합니다.

제왕도 변호사　증인은 난세의 시기에는 왕도와 패도를 구분할 수
없다고 주장하는데, 그 근거는 무엇입니까?

장량　그럼 유방이 훗날 참모가 된 역이기를 만날 때의 상황을 들
려 드리겠습니다. 역이기가 유방을 찾아갔을 때, 유방은 침대 끝에
걸터앉은 채 하인에게 발을 씻기게 하면서 그를 태연히 맞았습니다.
그러자 역이기는 절을 하지 않은 채 "그대는 신 제국을 노와 세우를

종횡
중국 전국시대의 최강국인 진
(秦)과 연(燕)·제(齊)·초(楚)·한
(韓)·위(魏)·조(趙)의 6국 사이
의 외교 전술입니다.

을 치려는 것입니까, 아니면 제후들을 인솔해 진 제국을
깨뜨리려는 것입니까?"하고 물었지요. 그러자 유방은 "천
하가 진 제국으로부터 고통을 받은 지 오래되었다. 제후들
이 서로 이끌어 가며 진 제국을 치고 있는데, 어찌하여 너
는 내게 진 제국을 도와 제후를 치는 것이냐고 묻는 것인
가?"라며 화를 내었습니다.

제왕도 변호사　　그래서 역이기는 무엇이라 대꾸했나요?

장량　　역이기는 "당신이 정말로 극악무도한 진 제국을 없애고자
한다면 웃어른을 걸터앉은 채 맞이해서는 안 되는 것이오"라고 말했
지요. 이 말을 듣고 깜짝 놀란 유방은 곧바로 일어나 옷을 갖춰 입은
뒤 역이기에게 깊이 사과했습니다.

제왕도 변호사　　그래서 둘은 어떤 이야기를 주고받았나요?

장량　　역이기는 전국 시대에 6국이 종횡(縱橫)할 때의 이야기를 유
방에게 들려 주었습니다. 유방은 이를 듣고 크게 기뻐했지요. 이후
역이기는 유방의 사신이 되어 각지로 다니며 제후들을 끌어들였습
니다. 역이기는 유방의 행보를 '왕도'로 포장하는 전도사 역할을 한
셈입니다.

제왕도 변호사　　네, 지금 증인의 말대로 역이기는 유방의 '패도'를
'왕도'로 꾸며 냈습니다. 이는 비열한 속임수 아닙니까?

장량　　그렇지 않습니다. 신하가 행하는 '왕도'와 군주가 행하는 '왕
도'는 차원이 다른 것입니다. 예를 하나 들겠습니다. 한번은 초나라
가 한나라의 군량미 운송로를 차단한 까닭에 한나라 군사가 크게 어

려움에 처한 적이 있습니다. 유방과 함께 대책을 논의할 때, 역이기는 옛 6국의 후예들을 다시 왕으로 세우자고 권했습니다. 그러나 나는 이 정책에 반대했지요.

제왕도 변호사   그 이유가 무엇인가요?

장량   당시 초나라보다 강대한 세력이 없는 상황에서 6국의 후예를 왕으로 세우면 약소국의 왕인 그들은 이내 초나라를 따르게 될 것이기 때문이었습니다. 실로 역이기의 계책을 채택하면 유방의 천하 통일은 실패할 수밖에 없었습니다. 유방이 천하를 거머쥔 것은 바로 저의 권고를 따라 패도를 행했기 때문입니다. ▶당시 역이기의 주장처럼 6국의 후예를 왕으로 세우는 왕도를 행하고자 했다면 이내 항우에게 패하고 말았을 것입니다.

제왕도 변호사   증인은 교묘한 말장난을 하고 있군요! 증인이 하도 궤변을 늘어놓고 있어 잠깐 이에 대한 얘기를 하고 넘어가도록 하겠습니다. 진정한 패도는 비록 무력을 사용하기는 하나 덕치(德治)를 기초로 하는 까닭에, 속임수나 부리는 궤도(詭道)와는 전혀 다른 것입니다. 한낱 속임수에 불과한 궤도와 천하의 영웅들이 신의를 지키며 패권을 다투는 패도는 엄격히 구분해야 합니다. 그럼에도 불구하고 증인은 궤도를 구사한 피고를 패도를 구사한 것처럼 미화하고 있습니다.

장량   변호사님이 그렇게 말씀하시니 기가 막히는군요. 천하를 놓고 다투는 상황에서 어떻게 패도와 궤도를 엄격히 구분할 수 있다는 것입니까?

교과서에는

▶역이기는 유방의 명을 받고 제나라를 설복하러 갔다가 죽임을 당했습니다. 이는 한신이 공을 세우기 위해 이미 항복한 제나라를 습격했기 때문이었습니다. 당시 제나라 왕 전광은 크게 노해 역이기가 자신을 속였다며 삶아 죽이고 말았습니다.

제왕도 변호사   그건…….

장량   유방이 여러 번 항우의 등 뒤에 칼을 겨눈 것은 사실입니다. 그러나 이는 총력전으로 전개된 당시의 상황에서는 어쩔 수 없는 것이었지요. 외적의 침입으로부터 나라를 구하기 위한 목적이라면 궤도보다 더한 것일지라도 정당한 것으로 평가하는 게 옳을 것입니다.

제왕도 변호사   참, 그 밥에 그 나물이라고 하더니. 증인이 왜 유방을 따랐는지를 이제 알겠군요.

장량   그럼 변호사님, 제가 진시황을 암살하고자 한 것을 단순히 궤도라고 비난할 수 있습니까? 사마천도 『사기』의 「자객열전」에서 진시황을 암살하려던 연나라 자객 형가(荊軻)를 높이 평가한 바 있습니다. 또한 구한말에 조선에서는 안중근 의사가 구국의 일념으로 국권 탈취의 원흉인 일본의 이토 히로부미를 저격한 바 있습니다. 한국의 입장에서 그의 방법을 과연 궤도로 깎아내릴 수 있겠습니까? 서구에서는 잔 다르크가 조국 프랑스를 구하기 위해 영국군을 기습 공격한 적이 있지요. 이를 두고 과연 궤도라고 비난할 수 있겠습니까?

제왕도 변호사가 흥분된 표정으로 목소리를 높였다.

제왕도 변호사   증인의 궤변을 더 이상 들어 주기가 어렵습니다. 공자도 ▶『논어』에서 궤도와 패도는 분명 다르다고 말했습니다. 승인의 수상을 따튼나번 난세에는 신의를

교과서에는

▶ 공자(B.C. 551년~B.C. 479년)는 뜻을 펼 기회를 얻고자 여러 나라를 돌아다녔습니다. 공자는 군주의 어진 정치와 신하의 충성, 부모의 사랑과 자식의 효도를 강조하였지요. 공자의 이야기는 『논어』라는 책에 모여 있습니다.

완전히 내던진 채 서로 속고 속이는 궤도만을 구사해야 한다는 얘기가 되겠군요. 그렇다면 전쟁 중에 벌어지는 정전 협상과 강화 회담 등은 어떻게 해석해야 합니까?

양생법
병에 걸리지 아니하도록 건강 관리를 잘하여 오래 살기를 꾀하는 방법입니다.

장량 　말씀하신 대로, 비록 전쟁과 같이 극도로 혼란스러운 시기일지라도 나라 사이에 최소한의 신의와 예의는 존재해야 합니다. 제가 말하고자 한 것은 그게 아닙니다. 저는 국가의 존망(存亡)이 판가름 나는 매우 중요한 사안에서는 결코 항우처럼 왕도를 맹목적으로 추구해 스스로 화를 불러오는 일을 벌여서는 안 된다는 점을 지적한 것입니다.

제왕도 변호사 　좋습니다. 그렇다면 하나 물어보겠습니다. 증인은 유방이 천하 통일에 성공하자 왜 벼슬을 내놓고 산속에 몸을 숨긴 것입니까?

장량 　개인적인 사정이 있었습니다. 앞서 밝혔지만 저는 평소 병치레가 잦았습니다. 당시 저는 도가의 양생법을 받아들여 곡식을 먹지 않고, 두문불출했지요.

제왕도 변호사 　증인은 말을 돌리고 있군요! 솔직히 말해 유방이 큰 공을 세운 증인을 토사구팽 할지도 모른다고 우려했기 때문 아닙니까!

　제왕도 변호사가 증인의 증언을 믿지 못하겠다는 듯 크게 소리를 질렀다.

"아이고, 깜짝이야."

"제왕도 변호사 목청 큰 거야 정말 알아줘야 한다니까."

판사   제왕도 변호사, 진정하시지요. 증인은 계속 말씀해 주세요.

장량   천하를 얻는 것과 다스리는 것은 다릅니다. 마찬가지로 때에 따라 필요한 사람도 달라질 수밖에 없습니다. 저는 유방이 천하를 얻는 데 필요한 사람이지 천하를 다스리는 데 적합한 사람은 아니었습니다. 그래서 저는 속세를 벗어나 적송자와 놀고자 했던 것입니다.

제왕도 변호사   증인, 계속 교묘한 말로 유방을 감싸고 있군요. 하지만 이것은 손바닥으로 하늘을 가리려는 것에 불과합니다. 역사적 사례에 비춰볼 때 당시 증인이 유방의 곁에서 계속 개국 공신의 자리를 지키고자 했다면 틀림없이 토사구팽당하고 말았을 것입니다.

판사   역사적 사례라니요?

제왕도 변호사   앞서도 얘기했던 한신은 토사구팽을 당하고, 삼족이 모두 형장의 이슬로 사라졌습니다. 팽월 또한 마찬가지로 토사구팽당했지요. 이처럼 명백한 증거가 있는데도 증인은 계속 궤도를 구사한 유방을 감싸려는 것입니까?

장량   제 생각에는 오히려 원고 측 변호인의 주장이 교묘하기 짝이 없습니다. 유방이 황제의 자리에 오를 때까지 기만적인 술수를 구사한 것은 사실입니다. 제가 바로 그런 계책을 낸 까닭에 이를 부인하지는 않겠습니다. 그러나 유방을 제대로 평가하고자 한다면 일

적송자
'적송자'는 삼황(三皇)의 한 사람인 신농(神農) 때 우사(雨師)가 되었다는 전설적인 인물입니다. 그는 수옥(水玉)을 복용해 불 속에 들어가는 등의 술법으로 신농을 가르치고, 항상 곤산(崑山) 위의 서왕모(西王母) 석실에 머물며 풍우를 따라 오르내렸다고 합니다.

왜 항우와 유방은 홍문에서 만났을까?

단 그가 제국을 만든 이후에 보여준 왕도의 행보까지 감안해서 총체적인 평가를 내리는 게 합당할 것입니다.

제왕도 변호사   존경하는 판사님, 증인은 유방이 천하를 평정한 뒤 왕도를 구사했다고 주장하고 있으나, 이는 궤도를 왕도로 꾸며내려는 의도가 분명합니다.

장량   이렇게 원고 측 변호사를 마주하고 있자니 답답하군요. 거

듭 말씀드립니다만 초한지제의 상황을 단순히 도덕적인 잣대로 평가해서는 안 됩니다. 나라의 존망이 걸려 있었기 때문이지요. 당시 항우는 범증의 말을 따라 홍문지회에서 유방을 제거해야만 했습니다. 만일 그리하는 것이 사리에 어긋난다고 판단했다면 일단 살려 준 뒤 첩자를 파견해서라도 유방의 움직임을 계속 감시해야 했었지요. 그러나 항우는 이조차 하지 않았습니다.

제왕도 변호사   증인은 지금 항우를 끌어들이며 자신들의 죄를 정당화시키고 있군요.

장량   그렇지 않습니다. 항우는 작은 승리에 만족한 나머지 패왕을 자처하며 제후들 위에 군림하려고만 했을 뿐입니다. 항우의 패망은 바로 여기서 비롯된 것입니다. 헛된 명분에 얽매여 작은 성공에 만족해하며 자만한 결과 스스로 패망의 길로 치달은 것입니다. 그런데도 어떻게 모든 책임을 피고 유방에게 떠넘기려고 하는 것입니까? 이는 본말이 뒤바뀐 것입니다.

판사   네, 잘 알겠습니다. 마지막으로 더 하실 말씀 있나요?

장량   재판장님, 항우는 끝까지 왕도만을 구사한 것도 아닙니다. 그가 행한 왕도는 통상적인 왕도와는 거리가 멀며, 오히려 암군(暗君)이 망하는 길을 걷는 것에 가까웠습니다. 원고가 패망한 것은 자업자득이라는 게 저의 솔직한 생각입니다.

3

유방은 왜 토사구팽을
행한 것일까?

기나긴 증언을 마친 장량은 자리에서 일어나 방청석 쪽으로 발길을 옮겼다. 강패도 변호사는 장량의 증언에 흡족해하며 장량의 손을 잡아 주었다.

"장량 선생님을 증인으로 모신 일은 탁월한 선택인 듯합니다."

이를 지켜보던 제왕도 변호사가 붉게 상기된 얼굴로 목소리를 다시 높였다.

제왕도 변호사　　존경하는 재판장님, 그리고 배심원 여러분! 증인의 궤변을 무시해 주시기 바랍니다. 역사서에 분명히 기록되어 있듯이 유방은 간교한 궤도로 항우를 속여 천하를 차지한 자에 불과합니다. 자신에게 한없는 신뢰를 보낸 한신을 가차 없이 제거한 것이 그 승

호군중위
장수들의 관계를 조절하는 임시 무관직입니다.

『손자병법』
중국 오나라의 손무가 쓴 병법서입니다. 전략과 전술을 자세히 설명하여 중국의 전쟁 체험을 집대성한 책입니다.

거입니다. 저는 새 증인을 불러 이를 증명해 보이도록 하겠습니다. 재판장님, 증인 진평을 불러주십시오.

판사　　허락합니다. 증인? 아, 벌써 자리해 주셨군요.

증인석에 나와 있던 진평이 선서를 마친 후 자리에 앉자, 제왕도 변호사가 가까이 다가갔다.

제왕도 변호사　　증인, 먼저 자기소개를 해 주실까요?

진평　　저는 한신, 장량 등과 함께 한 제국을 건국하는 데 일조했던 진평이라고 합니다. 당초 저는 항우의 책략가로 있다가 유방에게 건너가 호군중위의 직책을 맡았습니다. 이후 반간계를 구사해 항우가 범증을 내치도록 만든 공을 인정받아 제후가 되었지요.

제왕도 변호사　　항우에게 사용한 반간계가 효과가 있었으니, 증인의 병법은 기본적으로 궤도가 아니겠습니까? 그것은 과연 구체적으로 어떤 것이었습니까?

진평　　맞습니다. 저 역시 장량과 마찬가지로 궤도를 많이 구사했습니다.『손자병법』에 나와 있듯이 반간계는 적진의 내부에서 분열이 일어나도록 하는 궤도의 일종으로 승패를 가르는 매우 중요한 계책입니다.

제왕도 변호사　　당시 어떤 계략을 쓰셨나요?

진평　　그때는 항우가 형양에서 유방을 포위했던 시기였습니다. 하루는 유방이 내게 와 항우를 물리칠 계책을 물었습니다. 이에 나는

"항우는 시기심이 많고 남을 헐뜯는 말을 잘 믿으니, 황금을 가지고 반간계를 구사하면 충분히 물리칠 수 있습니다"라고 말했습니다.

제왕도 변호사   유방은 증인의 계략을 받아들였나요?

진평   물론이지요. 유방은 이내 승낙했고 저는 황금으로 매수한 적장들을 이용해 초나라 군대 내에 소문을 퍼뜨렸습니다. "범증은 항우를 위해 많은 공을 세웠는데도 끝내 왕이 되지도 못하고 이렇다 할 포상도 받지 못했다. 그는 장차 유방과 연합해 항우를 멸망시킨 뒤 그 땅을 나눠 가지려 할 것이다"라는 말을 퍼뜨린 것이지요.

제왕도 변호사   이 소문이 항우의 귀에 들어갔겠군요.

진평   물론입니다. 과연 항우는 속으로 범증의 무리를 의심하기 시작했지요. 이때 유방은 항우에게 강화를 청했습니다. 그러자 항우가 유방에게 항복을 권유하는 사신을 보냈지요.

제왕도 변호사   그래서요?

진평   저는 사신이 도착할 즈음 연회 때나 올리는 소, 양, 돼지고기를 푸짐하게 준비했지요. 그리고는 거짓 연기를 했습니다. 초나라 사신을 보고는 짐짓 놀라는 체하며 "범증의 사자인 줄 알았는데 항우의 사자가 아닌가?"라고 말을 건넸습니다. 그러고는 기름진 음식을 내간 뒤 형편없는 음식을 올렸지요.

제왕도 변호사   초나라 사신이 가만있지 않았겠군요.

진평   그렇습니다. 화가 난 초나라 사신이 돌아가 이를 항우에게 상세히 보고했습니다. 그러자 이를 들은 항우가 범증을 크게 의심했습니다. 그리하여 어리석은 항우는 범승이 형양성을 공격할 것을 거

듭 건의했음에도 따르지 않았습니다. 이를 이상하게 여긴 범증은 항우가 자신을 의심한다는 얘기를 듣고 이내 화를 내며 사직을 표했지요.

증인의 증언을 듣고 있던 강패도 변호사가 갑자기 자리에서 일어나 말을 끊고 한마디를 거들었다.

강패도 변호사   보십시오. 범증이라고 하면 홍문지회 때 유방이 장차 항우를 위협하게 될 것을 알고, 유방을 죽이려 했던 책략가가 아닙니까? 항우는 이렇듯 자신을 섬기는 신하도 알아보지 못하는 어리석은 인물이었군요.

판사   강패도 변호사, 지금은 제왕도 변호사가 증인과 신문을 주고받는 때입니다. 그렇게 갑자기 끼어들면 어떡합니까?

강패도 변호사   아, 제가 또 실수를 저질렀군요. 듣고만 있기가 하도 답답해서…….

제왕도 변호사   강 변호사, 재판이 유방에게 불리하게 돌아가자 일부러 끼어들어 분위기를 흐려놓다니, 참 방법도 여러 가지입니다.

판사   자, 두 분 변호사님은 그만하시고, 증인은 계속 말씀해 주시지요.

진평   항우를 떠나 고향으로 가던 범증은 울분을 참지 못해 고향에 이르기도 전에 등에 악성종양이 나 숨을 거두고 말았습니다. 저의 반간계가 그대로 적중한 것이지요. 이후 항우는 사면초가에 걸려

끝내 패배하고 말았습니다.

제왕도 변호사　존경하는 재판장님, 그리고 배심원 여러분. 유방은 이렇게 비열한 술수를 구사하여 항우와 범증 사이를 이간질시킨 것입니다. 유방의 비열함은 이것뿐만이 아닙니다. 그는 천하를 통일한 후, 개국 공신들을 토사구팽 하였지요. 증인은 그 배경을 잘 알고 있지요? 그것을 구체적으로 말해 주시겠습니까?

　왜 항우와 유방은 홍문에서 만났을까?

진평　유방이 천하를 통일한 지 3년째 되는 기원전 201년 10월, 유방에게 한신이 모반을 꾀하고 있다는 내용의 상소가 올라왔습니다. 이에 유방은 곧바로 한신을 잡을 계책을 제게 물었지요.

제왕도 변호사　증인은 무엇이라 일러 주었나요?

진평　제가 유방에게 이르기를, "강가에서 거짓으로 노닐면서 제후들을 불러 모으십시오. 한신은 폐하가 강가에서 노닌다는 소식을 들으면 별일이 없을 것으로 생각하고 나올 것입니다. 그때 그를 붙잡으십시오"라고 말했습니다. 유방은 곧 사신을 각지로 보내 제후들에게 속히 모일 것을 명했습니다. 한신은 이 소식을 듣고 크게 당황했습니다.

제왕도 변호사　당황하다니요?

진평　항우 밑에서 활약했던 장수 종리매가 항우의 죽음 이후, 평소 알고 지내던 한신을 찾아와 몸을 의탁하고 있었기 때문입니다. 그런데 어떤 사람이 한신에게 종리매의 목을 유방에게 가지고 가면 반드시 유방이 기뻐할 것이라고 충고해 주었죠. 이를 옳게 여긴 한신이 종리매를 만나 이 문제를 상의하자, 종리매는 "자네가 나를 체포해 한 제국에 스스로 아양을 부리고 싶다면 나는 오늘이라도 죽겠소. 그러나 나를 죽여 유방에게 바치면 다음엔 그대 차례일 것이오"라고 말한 후 스스로 목을 찔렀습니다.

제왕도 변호사　안타깝게도 종리매는 자살을 한 것이군요.

진평　그렇지요. 한신은 종리매의 머리를 가지고 유방에게로 갔습니다. 그러나 한신의 예상과 달리 유방은 그를 낭상에 꽁박했시요.

▶ 한신은 지난날, 범리가 월나라 왕 구천 곁을 떠나면서 '교활한 토끼를 잡으려는 사냥이 끝나면 사냥개를 삶아 먹고, 높이 나는 새의 사냥이 끝나면 좋은 활을 창고에 집어넣고, 적국을 격파하고 나면 참모를 죽인다'고 말한 것처럼 토사구팽당하고 말았습니다.

제왕도 변호사　　한신도 유방의 간사한 꾀에 넘어간 것이군요.

진평　　유방은 한신을 잡아 낙양에 도착한 후 그간의 공을 인정해 풀어 주면서 회음의 제후로 지위를 낮춰 버렸습니다. 한신은 "천하가 평정되자 나 또한 팽(烹)을 당하는구나!"라고 탄식했지만 이미 허사였죠. 하지만 이것은 토사구팽의 서막에 불과했습니다.

제왕도 변호사　　그럼 이것이 시작에 지나지 않는다는 말입니까?

진평　　그렇습니다. 당시 제후들 중 성씨가 다른 사람은 모두 8명이었습니다. 유방은 늘 성씨가 다른 제후들의 움직임에 촉각을 곤두세웠습니다. 천하를 평정할 때 이들 모두 탄탄한 무력을 바탕으로 핵심적인 역할을 수행한 까닭에 마음을 놓을 수 없었던 것입니다.

제왕도 변호사　　회음의 제후로 지위가 깎인 한신은 어땠습니까?

진평　　한신은 유방의 처사에 커다란 불만을 품었습니다. 그는 유방이 자신의 재능을 두려워하고 있다는 사실을 뒤늦게 눈치 챘지요. 그리하여 한신은 조(趙)나라와 대(代)나라 땅의 변경에 있는 군사를 감독하러 온 진희와 함께 모반을 꾀하였습니다.

제왕도 변호사　　그동안 억울하게 참고 있던 한신이 드디어 칼을 뽑아 든 거로군요.

교과서에는

▶ 여기서 '교토사양구팽(狡兎死良狗烹)', '고조진양궁진(高鳥盡良弓藏)', '적국파모신망(敵國破謀臣亡)'의 고사가 나왔습니다. 이는 원래 황석공(黃石公)이 지은 것으로 알려진 병서 『삼략(三略)』에 나오는 구절들입니다.

왜 항우와 유방은 홍문에서 만났을까?

진평 그렇습니다. 마침내 진희가 대나라 왕을 자칭하며 유방에 반기를 들자, 유방은 직접 군사를 이끌고 진격했습니다. 그때 유방은 진희 휘하의 장수들이 모두 장사꾼 출신이라는 얘기를 듣고, 황금을 가지고 가 진희의 장수들을 매수했습니다. 진희의 장수들 대부분이 항복한 것은 말할 것도 없었지요.

제왕도 변호사 당시 한신은 무엇을 하고 있었습니까?

진평 한신도 나름대로 방도를 취했습니다. 그는 병을 핑계로 집에 들어앉은 후 은밀히 진희에게 사람을 보내 내부에서 반란을 일으킬 뜻을 전했습니다. 그러고는 곧 한밤중에 가신들과 함께 모의했습니다. 복역 중인 죄수들을 사면한 뒤 이들을 동원해 유방의 부인인 여후(呂后)와 태자를 습격하는 방안이었지요.

제왕도 변호사 결과가 궁금하군요. 어떻게 되었나요?

진평 한신은 계획을 꾸며 놓고 진희의 회답을 기다리고 있었지요. 그런데 안타깝게도 우연한 일로 인해 모든 것이 수포로 돌아가게 되었습니다. 당시 가신들 중 한 사람이 한신에게 죄를 지어 죽게 되자 그의 동생이 한신의 반란 계획을 조정에 몰래 일러 바쳤던 것입니다. 그때 유방은 진희를 토벌하러 갔기에 여후가 이를 보고받았습니다.

제왕도 변호사 여후는 한신의 계획을 알고 놀랐겠군요.

진평 그렇습니다. 크게 놀란 여후는 재상 소하와 대책을 논의했습니다. 상황이 급박한 까닭에 유방에게 보고할 여유가 없었지요. 곧 유방이 있는 곳으로부터 사자가 온 것처럼 거짓으로 꾸며 한신에게 "진희를 이미 붙잡아 죽였으니 제후와 군신(群臣)은 모두 이를 축하하러 오도록 하라"고 전했습니다.

제왕도 변호사 한신은 진희가 죽임을 당했다는 말에 당황했겠군요.

진평 물론이지요. 하지만 한신은 의심을 받지 않기 위해 궁궐로 찾아갈 수밖에 없었지요. 그러고는 결국 붙잡혀 죽고 말았습니다. 한신은 죽기 직전에 "아, 천하를 셋으로 나눠 그 한 쪽을 가지라는 괴철의 '천하삼분지계(天下三分之計)'를 왜 쓰지 않았던 것인가"라며 탄식했습니다.

제왕도 변호사 이처럼 유방은 당시 한신을 토사구팽 했습니다. 달면 삼키고 쓰면 뱉는다는 말은 바로 유방을 두고 하는 말이 아니겠습니까? 피고 유방은 시종일관 궤도를 구사해 원고 항우를 죽음으로 몰아넣고 천하를 거머쥔 것도 모자라 자신에게 한없는 충성을 바친 공신들을 가차 없이 제거한 무지막지한 사람입니다. 그런 그를 과연 초한지제의 주역으로 삼을 수 있는 것입니까?

방청석이 소란스러워졌다.

"맞아, 유방의 토사구팽은 이익을 위해서라면 신의를 헌신짝처럼 내팽개치는 건달들의 짓이야!"

"무슨 소리야, 한신이 먼저 불충한 모습을 보인 게 잘못이야! 어떻게 불충한 신하를 그대로 방치할 수 있겠어?"

제왕도 변호사가 소란이 가라앉을 때까지 뜸을 들이다 말했다.

궁형
중국에서 행하던 다섯 가지 형벌 가운데 하나로, 죄인의 생식기를 없애는 형벌을 말합니다.

제왕도 변호사   훗날 사마천이 『사기』에서 피고 유방을 높이 칭송했습니다만, 이는 역사적 사실을 왜곡한 것입니다. 증인은 이를 어떻게 생각합니까?

진평   사마천은 초한지제로부터 1백 년 뒤에 태어난 까닭에, 당시의 정황을 정확히 알 수 없었을 것입니다. 궁형(宮刑)을 당한 사마천은 아마도 피고 유방처럼 미천한 인물이 마침내 천하를 거머쥐게 된 것에 깊은 감명을 받았을 수 있습니다. 제가 볼 때 유방은 화를 참지 못하는 불같은 성격이기는 했으나 다른 한편 냉혈한에 가까울 정도로 냉정한 성품도 지니고 있었습니다. 항우가 유방의 아버지인 태공을 삶아 죽이겠다고 위협했을 때 태연히 삶은 국물을 보내 달라고 말한 것이나, 개국 공신을 가차 없이 제거한 사실이 이를 뒷받침합니다. 이는 아무나 할 수 있는 게 아닙니다.

이번에는 배심원석까지 웅성거렸다.

"맞아, 유방이 냉혈한인 것은 부인할 수 없는 사실이야!"

"글쎄 말이야, 일반 사람은 감히 상상도 못할 일이잖아?"

방청석과 배심원석이 크게 동요하는 모습을 보이자 강패도 변호사가 벌떡 일어났다.

강패도 변호사   이의 있습니다! 피고 측 변호인은 유방을 인정도 없는 냉혈한으로 몰아가고 있습니다. 이를 증거로 채택하지 않을 것을 요청합니다.

판사   기각합니다. 본 법정은 역사법정인 만큼 논리적인 변론이라면 크게 문제 삼을 게 없습니다.

강패도 변호사가 붉게 상기된 얼굴로 말했다.

강패도 변호사   존경하는 재판장님, 원고 측의 주장이 너무 일방적입니다. 증인의 증언에 대해 피고 유방에게 변명할 기회를 주시기 바랍니다.

판사   그렇게 하십시오.

강패도 변호사는 유방에게 다가가 진평의 증언에 대한 소감을 물었다. 진평의 말을 하나라도 놓칠세라 신경을 바짝 쓰고 있던 유방이 격앙된 어조로 대답했다.

유방   증인의 증언은 과장된 내용이 많다고 생각하오. 명나라를 세운 주원장은 나보다 더 참혹한 토사구팽을 행한 바 있소. 이는 무엇을 말하는 것이겠소? 대업을 이루고자 하면 힘 있는 신하를 그대로 둘 수 없는 법이오. 내가 왜 한신을 죽일 수밖에 없었는지에 대해서는 자세히 살피지도 않고 단지 그 결과만 놓고 나를 냉혈한으로 몰아가는 것은 지나친 것 같소. 배심원 여러분이 현명한 판단을 내릴 것으로 믿겠소.

방청석이 다시 술렁였다.

"피고 유방의 얘기도 일리가 있어!"

"무슨 소리야? 변명에 지나지 않아!"

"아니, 당사자들의 최후 진술을 들어본 뒤 결정하도록 합시다!"

장내가 소란스러워 지자, 판사가 이내 정리하고 나섰다.

판사 이제 시간이 되었으니 재판을 이만 정리하는 게 좋겠습니다. 오늘 세 번째 재판에서는 유방이 천하를 얻은 후 신하들을 토사구팽 한 일 등에 관해 자세히 알아보았습니다. 저나 배심원 모두 양측의 주장을 충분히 들은 만큼 신중히 고려해 판결을 내리도록 하겠습니다. 잠시 후 원고와 피고의 최후 진술을 들도록 하겠습니다. 이만 재판을 마칩니다.

천하삼분지계

우리에게 알려진 천하삼분지계는 삼국 시대 때 제갈량이 유비에게 제시한 계책이었습니다. 제갈량은 힘이 강한 위나라 조조와 오나라 손권 사이에 있는 형주 지역을 손에 넣음으로써 일단 어느 한 쪽이 먼저 패망하는 것을 막고자 했습니다. 왜냐하면 힘이 약한 촉나라로서는 만약 위나라와 오나라 중 어느 한 쪽이 패망했을 때, 연이은 공격을 받아 속수무책으로 같이 패망할 수밖에 없었기 때문이지요. 따라서 일단 천하를 삼등분하여 중원의 균형을 맞춘 뒤 힘을 길러, 훗날 천하를 도모하려 한 것입니다.

그러나 유명세와는 달리, 이는 제갈량의 독창적인 계책이 아니었습니다. 제갈량 이전에 오나라의 노숙이, 또 그 이전 초한지제 때 한신의 신하였던 괴철이 먼저 '천하삼분지계'를 생각했었지요.

오나라의 노숙은 촉나라 유비에게 형주를 내어 주어 위나라와 오나라 사이에 완충지대를 만들고자 한 것입니다. 노숙은 이렇게 위나라 조조의 공격을 막으며 중원의 형세를 살피다가 조조의 약점을 발견하면 단숨에 중원을 장악하려는 계획을 세웠습니다.

괴철의 '천하삼분지계'는 당시 양대 강국이었던 초나라와 한나라에 대항할 수 있는 나라를 세우고자 한 것입니다. 한신의 제나라는 사방이 요새처럼 탄탄해 그야말로 동방의 대국이라고 할 수 있었지요. 괴철은 이러한 지리적 특성과 한신의 뛰어난 군사적 능력을 통해 독자적인 힘을 길러, 천하를 얻고자 한 것입니다.

한신의 일화
― 큰 뜻을 품은 사람의 자세

『사기』의 「회음후열전」에 따르면 한신과 관련하여 유명한 일화가 나옵니다.

하루는 한신이 거리를 걷고 있을 때였습니다. 갑자기 한 청년이 한신을 향해 모욕적인 말을 건넸습니다.

"자네는 비록 큰 체구에 즐겨 칼을 차고 있으나 사실 겁쟁이일 뿐이다."

그 소리를 들은 한신이 멈춰 서자, 사람들이 웅성웅성 모이기 시작했습니다. 이어서 청년은 많은 사람들 앞에서 한신을 계속 모욕하다가 다음과 같이 말했습니다.

"자네가 죽을 용기가 있다면 그 칼로 나를 찔러라. 그렇지 못하면 내 바짓가랑이 사이를 빠져나가라."

청년의 말이 끝나자 많은 사람들이 숨죽여 한신의 행동을 지켜보았습니다. 한신은 청년을 오랫동안 주시하더니 이내 웃으며 그의 바짓가랑이 사이를 엎드려 기어갔습니다. 그러자 거리의 사람들이 모두 한신을 겁쟁이라며 크게 비웃었습니다.

한신은 왜 기꺼이 사람들의 비웃음거리가 되었을까요? 한신이야말로 순간의 굴욕을 참는 진정한 용기의 소유자였습니다. 한신은 큰 뜻을 품고 있었기에 작은 일을 가지고 성을 내지 않았던 것입니다.

팽월의 일화
— 약속을 지키는 것 vs 신의를 지키는 것

팽월은 창읍 사람으로 평소 거야(巨野)의 소택에서 살다가, 도적질을 하고 있었습니다. 그러던 중 진승과 항량이 진 제국에 대항하여 군사를 일으키자 소택 근처의 청년 백여 명이 모인 뒤 팽월을 찾아가 수령이 되어 달라고 청했습니다.

처음에 거절하던 팽월은 청년들이 재차 간곡하게 청하자 수락했습니다. 그는 청년들과 다음날 아침 일출 때 모이되 약속 시간 뒤에 나오는 자는 참수하기로 하였습니다. 그러나 다음날 일출 때에 십여 명이 늦게 나왔지요. 이를 보고 팽월이 말했습니다.

"오늘 보니 약속을 지키지 못하고 약속 시간 뒤에 나온 사람이 너무나 많다. 그렇다고 이들을 모두 죽일 수는 없으니 가장 늦게 나온 한 사람만 참수하도록 하겠다."

팽월은 이러한 덕망과 신의로 제후들의 흩어진 병사들을 거둬들여 지휘하다가, 한중으로 쫓겨난 유방이 관중을 공격할 당시에 유방에게 귀의하였습니다.

이후 유방이 천하를 통일하고 한(漢) 제국을 세우는 데 일등 공신이 되었습니다. 그러나 천하 통일 후 유방에 의해 반란의 누명을 쓰고 참수당하고 말았습니다. 한신, 영포 등과 같이 팽월 또한 유방에게 토사구팽당한 것이지요.

다알지 기자

안녕하십니까, 역사공화국 법정 뉴스 시청자 여러분! 방금 항우와 유방의 3차 재판이 끝났습니다. 항우와 유방의 왕도, 패도, 궤도와 관련한 논쟁과 유방의 토사구팽에 대한 논쟁이 재판 막바지를 뜨겁게 달구었는데요. 자, 지금 변호사들이 법정을 나서고 있습니다. 마지막 재판에 대한 소감을 들어보겠습니다. 강패도 변호사, 최종 판결이 어떻게 나올 것 같습니까? 한 말씀 부탁드립니다.

강패도 변호사

우리는 오늘 최선을 다했습니다. 원고 측이
우리에게 궤도라는 비난을 퍼부을 때에도 잘 대
처해 나갔지요. 사실 난세에 왕도와 패도와 궤도라
는 구분은 큰 의미가 없습니다. 천하를 얻기 위해서는 자신의 모든 능
력을 최대한으로 사용할 뿐입니다. 당시 백성들은 전쟁이 하루빨리 끝
나 평화로운 세상이 오기를 간절히 원했습니다. 유방은 그러한 백성들
을 위해 최선을 다한 것입니다. 또한 건국 초기에 나라의 기틀을 잘 잡
기 위해서는 황제 중심으로 기강을 세울 필요가 있었습니다. 토사구팽
이라고 표현한다면 어쩔 수 없겠지만, 저는 천하의 안정을 위한 희생
이었다고 생각합니다.

제왕도 변호사

　유방은 왕도, 패도가 아닌 궤도를 사용한 비열한 사람입니다. 군주로서 갖추어야 할 위엄을 전혀 지키지 못했지요. 후대의 문장가들이 항우를 소재로 많은 작품을 쓴 것은 바로 항우의 왕도가 풍기는 매력 때문입니다. 반면 유방은 간사한 궤도를 통해 범증을 떠나게 하고, 항우를 자결하게 했습니다. 또한 천하를 통일한 후에는 자신과 함께 동고동락하며 대업을 이룬 장수들을 토사구팽 했습니다. 이는 유방이 소인배 중에 소인배임을 말해 주는 것입니다. 이와 달리 항우는 사나이 중에 사나이였지요. 죽는 순간까지 기백을 잃지 않았던 항우야말로 초한지제의 진정한 주역임을 다시 한 번 말씀드립니다.

유방은 속임수를 써서
황제의 자리에 올랐소

vs

항우는 작은 승리에 취해
자만심에 빠졌소

판사 마지막으로 당사자의 얘기를 들어 보도록 하겠습니다. 두 분 모두 한번 나온 말은 다시 주워 담지 못한다는 점을 유념해 주십시오. 모쪼록 깊이 생각한 뒤 신중히 말씀해 주시기 바랍니다. 배심원단도 두 분의 최후 진술을 듣고 현명한 판단을 내려 주시기 바랍니다. 먼저 원고 항우부터 말씀하십시오.

항우 존경하는 재판장님, 그리고 배심원 여러분! 유방은 비열한 기만술로 나를 구렁텅이에 빠뜨린 뒤 천하를 거머쥐었소. 나는 값싼 동정심을 보였다가 끝내 궁지에 몰려 비참한 죽음을 맞이한 비극의 주인공이 되고 만 것이오. 내가 끝내 자결한 것은 한때 천하를 호령한 패왕으로서, 구차하게 살아가느니 차라리 스스로 목숨을 끊는 게 낫다고 판단했기 때문이었소. 이것이 내가 비록 패하기는 했으나 나

름대로 초한지제의 주역임을 자부하는 이유라오.

피고 측 변호인이 지적한 것처럼 내가 패한 것은 내 덕이 모자랐기 때문일 수 있소. 내가 이번에 세계사법정에 소송을 제기한 것은 나의 부족함을 변명하고자 한 것이 아니오. 다만 유방과 같이 궤도를 일삼는 비열한 인물들이 난세 때마다 뛰쳐나와 천하를 거머쥐는 일이 반복되어서는 안 된다는 것을 널리 알리기 위해서였소.

나는 내가 초한지제의 주역이 아니라는 판결이 나올지라도 이에 승복할 것이오. 그러나 유방과 같이 배은망덕을 일삼으며 궤도를 밥 먹듯이 구사한 자가 칭송을 받는 사태만은 결코 용납할 수 없소.

판사 네, 다음으로 피고 유방의 최후 진술을 듣도록 하겠습니다.

유방 존경하는 재판장님, 그리고 배심원 여러분! 아시다시피, 이번 소송은 원고 측의 억지 주장에서 비롯된 것이었소. 설령 원고 측의 주장처럼 초한지제의 주역이 항우라 할지라도 그것이 무슨 의미가 있는 것이오? 더구나 항우는 항복한 진 제국과 제나라의 장병을 산 채로 땅에 묻는 끔찍한 갱살을 저지르기도 했소. 이는 그가 주장하는 왕도와 거리가 먼 것이오. 그런 항우가 나를 두고 손가락질 하는 것은 적반하장에 지나지 않소. 항우의 패배는 작은 승리에 취해 자만심에 빠진 탓이오.

내가 천하를 통일한 후 토사구팽을 행한 것을 두고 여러 얘기가 있으나, 이는 새 제국을 만드는 과정에서 불거진 작은 문제에 불과하오. 분명히 말하지만 나는 결코 원고 측이 주장하듯이 배은망덕을 일삼으며 비열한 궤도를 구사한 적이 없소. 배심원 여러분, 증인 장량이 말한 것처럼 내가 천하를 통일한 이후에 왕도를 펼쳤던 것을 함께 고려해 줄 것을 거듭 당부 드리오.

판사   네, 지금까지 원고 항우와 피고 유방의 최후 진술을 직접 들어 보았습니다. 3차 재판까지 오는 동안 원고 측과 피고 측, 그리고 배심원단 여러분 모두 수고가 많으셨습니다. 배심원의 의결은 4주 후에 저에게 전달될 예정입니다. 지금 이 법정에는 보이지 않는 배심원들이 있습니다. 이 재판을 책으로 읽으시는 독자 여러분이 바로 사실상의 배심원입니다. 저는 배심원의 평결을 참고해 4주 후에 최종 판결을 내리도록 하겠습니다. 여러분 모두 이 사건에 다시 한 번 심사숙고해 주시기 바랍니다.

　땅! 땅! 땅!

역사공화국 세계사법정 재판 번호 11 항우 VS 유방

주문

역사공화국 세계사법정은 항우가 유방을 상대로 제기한 '초한지제 주역 확인의 소'에 관한 청구를 기각한다.

판결 이유

원고 항우는 피고 유방이 왕도·패도와 동떨어진 궤도를 구사해 역대 제왕들의 명성에 해를 끼쳤다는 이유로 소송을 제기했다. 그러나 과연 항우처럼 계속 왕도 내지 '왕도에 가까운 패도'를 구사하는 것이 옳은 일인지, 아니면 유방처럼 궤도를 적극 구사하는 게 옳은 일인지 판단하기란 쉽지 않다.

재판에 나온 증언과 변론을 종합해 볼 때, 유방이 구사한 궤도는 인간의 신뢰를 악용했다는 점에서 도덕적 비난을 피할 수 없다. 그러나 초한지제의 시대적 특성을 감안할 때 유방을 부도덕한 인물로 몰아가는 항우의 주장은 받아들이기 어렵다. 오히려 유방은 어지럽던 시대에 통일을 이룩한 점이 돋보인다. 그런 점에서 유방이 구사한 궤도는 비록 도덕적으로 비난을 살 만하나 정치적 관점에서 볼 때는 나름대로 그 타당성이 인정된다.

본 법정은 초한지제를 대표하는 항우와 유방을 두고 진정한 주역이 누구였는지를 가려달라는 이번 소송을 맡게 된 것에 대해, 커다란 자부심과 함께 무거운 책임감을 느끼지 않을 수 없다. 비록 항우의 청구를 기각하는 판결을 내리기는 했으나 항우가 오랫동안 일방적으로 매도된 억울한 사연을 충분히 이해하는 바이다. 나아가 유방이 도덕적으로 비난을 받을 만한 궤도를 일삼았음에도 후세 역사가들로부터 칭송을 받은 것이 불공평하게 보일 수 있다는 사실 또한 이해된다. 최근 많은 사람들이 항우를 긍정적으로 평가하고 있는 만큼 조금 더 인내하며 정당한 평가가 내려질 때까지 기다릴 필요가 있다고 보인다. 유방 또한 비록 승리를 거두기는 했으나 부도덕한 궤도로 인해 적지 않은 비판을 받고 있는 점을 감안해 앞으로 좀 더 겸허한 모습을 보여주기 바란다.

역사공화국 세계사법정 담당 판사 명판결

"난세를 평정하고 나라를 구하기 위해서는 '궤도'를 적극 구사하는 게 옳소!"

힘겨운 재판을 마치고 사무실로 돌아온 강패도 변호사. 밤잠을 설쳐가며 이번 재판을 준비했던 강패도 변호사는 지친 몸을 소파에 기댄 채 멍하니 창밖을 바라보았다.

띠리리리, 띠리리리!

갑자기 요란스럽게 전화벨이 울려댔다.

"아이쿠, 깜짝이야. 누구세요?"

강패도 변호사는 용수철처럼 자리에서 일어나 얼른 전화를 받았다. 수화기 너머로 웬 남자의 낮은 목소리가 들려왔다.

"강 변호사, 재판 잘 지켜봤소. 한 가지 부탁할 게 있어 전화를 드렸소!"

"누구신지요?"

"나는 이종오라고 하는 사람이오."

이름을 듣는 순간 강패도 변호사는 움찔 놀랐다. 이종오라면 '난세에는 낯가죽이 두껍고 속마음이 시꺼먼 사람만이 천하를 거머쥘 수 있다'고 말하며 『후흑학(厚黑學)』이라는 책을 지은 사람이 아니던가? 강패도 변호사는 자신도 모르게 앓는 소리를 냈다.

"아, 반갑습니다! 선생님, 꼭 만나고 싶었습니다. 제 사무실에 한번 들르시지요."

다음 날, 이종오가 강패도 변호사의 사무실로 찾아왔다. 이종오는 적당한 키에 보기 좋게 살이 붙어 인상이 좋아 보였다.

"먼 길 오시느라고 수고하셨습니다. 차라도 한잔 드시면서 이야기를 나누시지요."

강패도 변호사는 이종오가 자리에 앉자마자 평소 궁금하게 여기던 것을 묻기 시작했다.

"선생님의 『후흑학』을 읽으면서, '후흑(厚黑)'으로 나라를 구하자는 '후흑구국'의 취지에 크게 감동을 받은 적이 있습니다. 난세에도 인의(仁義)를 행해야 한다고 주장한 맹자를 질타한 것도 바로 그 때문이 아니겠습니까?"

이종오가 미소를 지으며 대답했다.

"그렇소. 아무리 난세일지라도 상대방이 어질고 바르게 행하면, 그를 어질고 바르게 대하는 게 원직이오. 그러나 이는 어니까시나

이종오
이종오(1879년~1944년)는 서양이 청나라를 침략하던 시기에 중국 사천성 성도에서 태어났습니다. 반청 혁명조직인 '동맹회'의 일원이었으며, 1911년 신해혁명 이후 사천대학 교수직을 지낸 뒤, 자유기고가로 활동하였습니다.

『후흑학』
『후흑학』은 기이한 책으로만 알려져 있다가, 훗날 마오쩌둥이 『후흑학』을 탐독한 뒤 문화대혁명을 일으켰다는 사실이 알려지면서 조명받기 시작했습니다. 후흑(厚黑)은 '면후(面厚, 두꺼운 낯)'와 '심흑(心黑, 시커먼 마음)'에서 한 글자씩 따 만들었습니다. 두꺼운 낯과 시커먼 마음으로 난세를 구한다는 취지에서 나온 이 책은 나라를 구하려는 충정으로 약소 민족이 한데 뭉쳐 서양의 제국주의 침략에 맞서자는 전략을 담고 있지요.

인의
유교에서 추구하는 사상으로 '어질고 바름'을 말합니다.

이탁오

이탁오(1527년~1602년)는 중
국 명나라 때의 유학자입니다.
'탁오(卓吾)'는 호이며, 이름은
'지(贄)'입니다. 전통적인 권위를
거부하고, 맹자에서 주희로 이어
지는 성리학을 신랄하게 비판했
습니다. 또한 난세에는 삼국 시
대의 조조처럼 '패도'를 적극적
으로 구사해야 한다고 주장했지
요. 당시 이단자로 취급되어 통
주(通州)의 감옥에 갇힌 후 자결
하였습니다. 저서로는 『분서』,
『장서』 등이 있습니다.

하나의 이상에 불과하오. 현실은 냉혹하기 짝이 없기 때문
이오. 특히 나라 사이의 경우는 더 그렇소. 그런데도 맹자
와 주희는 난세에도 무조건 '인의'를 행해야 한다고 고집
한 것이오."

"그럼 선생님은 난세에 맞는 처사는 어떤 것이라 생각
하시나요?"

"난세에 흔히 말하는 '면박(面薄)'과 '심백(心白)', 즉 정
직한 낯과 순수한 마음을 행하는 것은 이탁오 선생이 『분
서』에서 지적했듯이 굶주린 호랑이에게 고깃덩이를 내던
지는 것이나 다름없소. 내가 성리학을 질타한 것도 바로
이 때문이었소."

강패도 변호사가 맞장구를 쳤다.

"그러게 말입니다! 그런데도 많은 사람들이 '후흑'을 개인의 처세
술 정도로만 여기고 있어 안타깝습니다."

이종오가 신이 난 목소리로 대꾸했다.

"참으로 안타까운 일이오. '후흑'을 나라를 구하기 위해 사용하는
것이 아니라 개인의 출세나 영달을 위해 사용할 경우, 자기 자신은
물론이고 세상 또한 극도로 혼탁해질 수밖에 없소. 세상의 모든 사
람이 자신의 이익을 위해 남을 이용하려고만 들 테니 말이오. 같은
칼이지만 나라를 위해 싸우는 장수가 사용하면 무기가 되고, 도적이
사용하면 흉기가 되는 것과 같은 이치요!"

강패도 변호사도 덩달아 신이 났다.

"참으로 그럴듯한 비유입니다! 사실 세상이 어지러운데 나라를 지키는 것보다 더 숭고한 가치가 어디 있겠습니까? 서양에서 20세기 최고의 지성인으로 불린 한나 아렌트도『인간의 조건』에서 ▶'나라가 없으면 개인의 인간다운 삶도 불가능하다'고 단언한 바 있습니다. 저 또한 변론을 준비하면서 선생님의『후흑학』과 마키아벨리의『군주론』을 읽고는 크게 놀랐습니다. 두 분의 주장이 너무나 닮았기 때문입니다. 특히 난세의 시기에는 '궤도'를 구사해야 한다고 주장한 점에서 두 분은 완전히 일치하고 있습니다. 선생님의 후흑론은 '동양의 군주론', 마키아벨리의 군주론은 '서양의 후흑론'에 해당하는 것 같습니다. 하하!"

강패도 변호사가 웃자, 이종오도 껄껄 웃어댔다.

"강 변호사야말로 정말 똑똑한 변호사로군요! 나와 마키아벨리가 같은 얘기를 했다는 것을 찾아냈으니 말이오. 하하!"

이종오의 칭찬을 듣고 우쭐하던 강패도 변호사가 갑자기 진지한 표정을 지으며 물었다.

"그런데 저에게 할 말이 있다는 것은 무엇입니까?"

"아참, 내가 잠시 깜박했소. 나는 이번 기회에 성리학을 집대성한 주희를 상대로 세계사법정에 소장을 낼 생각이오. 난세에 과연 나의 '후흑구국'과 주희의 '박백구국' 중 어느 것이 맞는지 따져볼 작정이지. '박백'의 대가인 주희와 '후흑'의 대가인 내가 맞붙으면 아마 역사적인 사건이 될 것이오!"

이 말을 들은 강패도 변호사는 고리타분한 성리학을 공

왜 항우와 유방은 홍문에서 만났을까?

부해야 한다는 생각에 벌써부터 머리가 지끈지끈 아파오는 듯했다. 이내 강패도 변호사는 핑계 거리를 만들어 냈다.

"죄송합니다만 선생님, 제가 요즘 맡은 사건이 너무 많아 좀처럼 시간을 낼 수가 없습니다. 일단 다른 변호사를 찾아보시는 게 좋을 듯싶습니다."

강패도 변호사는 이종오를 억지로 밀쳐내고는 중얼거렸다.

"휴! 엉터리 과학과 사이비 종교철학을 버무려 놓은『주자대전(朱子大全)』, 생각만 해도 끔찍해!"

항우와 유방이 노리던
진나라의 수도, 셴양

셴양은 중국 중서부에 있는 지역인 산시 성의 중앙부로 웨이수이 강의 북쪽 연안에 있는 오래된 도시예요. 전국시대 진나라의 도읍이었으며 교통의 요지이기도 하지요. 이곳은 항우가 이끄는 군사와 유방이 이끄는 군사가 노리던 곳이었답니다. 왜냐하면 '이곳에 먼저 들어가는 사람을 이 지역 왕으로 삼을 것'이라는 초나라 왕의 약속이 있었기 때문이에요.

항우와 유방이 노리던 셴양은 '함양'이라고도 불리는데, 기원전 350년 전국시대에 진의 효공이 이곳에 도읍을 정했어요. 그리고 처음으로 도성을 쌓아 진나라의 수도가 되었답니다. 진나라의 시황제는 6개의 나라를 통일한 다음 부유한 집들을 셴양으로 이주시켰어요. 덕분에 이곳은 전국의 정치와 경제, 문화의 중심지가 되었답니다. 뿐만 아니라 시황제는 웨이허강 남쪽 연안에 아방궁을 짓는 것은 물론 270개가 넘는 궁전을 세웠지요.

진나라가 멸망하자 항우가 궁전과 아방궁을 전부 불살라버렸어요. 시황제가 머물던 아방궁은 석 달 동안이나 불에 탈 정도로 규모가 어마어마했다고 해요. 이렇게 진나라의 멸망과 함께 시가지는 모두 없어졌어요. 그래서 지금 남아있는 도시는 명나라 초기에 건설된 것이랍니다.

지금의 셴양은 전자공업 위주의 공업도시로 성장하고 있어요. 시안시와는 약 25킬로미터 정도 떨어져 있으며 면적은 1만 213제곱킬로미터에 이르고 인구는 500만 명이 넘고 있지요. 셴양에는 1371년에 세워진 공자의 사당을 전시관으로 사용하는 '셴양박물관'도 있어요. 이 박물관은 진과 한 왕조 시대의 유물 등을 전시하지요.

찾아가기 중국의 중앙인 관중평원 중부에 위치

셴양박물관 외부

셴양박물관 모습

『역사공화국 세계사법정 11 왜 항우와 유방은 홍문에서 만났을까?』
와 관련한 논술 문제를 풀어 봅시다.

※ 다음 제시문을 읽고 물음에 답하시오.

(가) **배수지진(背水之陣)** : 물을 등지고 진을 친다는 뜻으로, 유방
의 신하 한신이 조나라를 칠 때 세운 작전이에요. 한신은 병사
들이 물러나지 못하도록 물을 등지고 싸워 조나라를 이겼답니
다. 목숨을 걸고 일에 임하는 자세를 나타낸다든지 위험을 무릅
쓰고 전력을 다하는 경우를 비유할 때 쓰는 말이 되었지요.

(나) **사면초가(四面楚歌)** : 사방에서 들려오는 초나라 노래라는 뜻
으로, 항우의 초나라군이 유방이 이끄는 한나라군에게 포위당
해 있을 때 한나라군 진영에서 초나라의 노래가 들린 것에서 유
래된 사자성어에요. 항복한 초나라군 병사들을 동원해 고향 노
래를 부르게 한 유방의 신하 장량의 작전이었던 것이지요. 이
작전으로 많은 항우의 군사들이 도망쳐 유방의 군사가 되었답
니다.

(다) **권토중래(捲土重來)** : 흙먼지를 일으키며 다시 돌아온다는 뜻
으로, 실패하고 떠난 후 실력을 키워 다시 도전하는 모습을 의
미해요. 당나라 때 시인 두목은 항우의 용맹함을 기리는 시를

썼는데, 그 안에 담긴 말이랍니다. 시인은 유방과의 전투에서 져서 스스로 목숨을 끊었지만 누구보다 용맹했던 항우를 안타까워하며 시를 썼지요.

1. (가)~(다)는 항우, 유방과 관련된 여러 사자성어예요. (가)~(다)를 읽고, 항우가 유방에게 패할 수밖에 없었던 이유에 대해 쓰세요.

※ 다음 제시문을 읽고 물음에 답하시오.

　중국 진나라 말기 항우의 곁에는 우미인이라는 절세미인이 있었
어요. 항우는 우미인과 함께 해하라는 곳에서 유방의 군대에게 포위
되어 위기에 빠지게 되지요. 이 때 항우는 자신의 상황에 슬퍼하고
우미인은 짐이 될 수 없다며 스스로 목숨을 끊었다고 해요. 훗날 우
미인의 무덤에 개양귀비라는 꽃이 피었어요. 그래서 양귀비과에 속
하는 개양귀비를 우미인초라고도 부른답니다.

개양귀비

2. 위의 글은 항우와 우미인에 대한 이야기이고, 사진은 '우미인초'라고
　도 불리는 개양귀비의 사진이에요. 위의 글을 읽고 다음과 같이 평가
　받는 항우를 변호해서 써 보세요.

　왜 항우와 유방은 홍문에서 만났을까?

"항우는 참 잔인하고 극악무도한 것 같아."

해답 1 항우는 용맹한 장수였어요. 후세의 사람인 당나라 시인 두목이 기릴 정도로 그 용맹함은 대단하였지요. 하지만 항우는 자신의 용맹함만을 믿고 신하들의 뜻은 따르지 않았답니다. 그래서 그의 밑에는 지략이 뛰어난 신하가 없었지요. 하지만 유방은 '배수지진'이라는 지략을 편 한신도, '사면초가'라는 지략을 편 장량도 있었지요. 때문에 항우는 유방을 이길 수 없었답니다.

해답 2 우미인은 중국 진나라 말기 항우의 곁에 있었어요. 그리고 그가 위험에 빠지자 자신이 짐이 될 것을 두려워하였지요. 이런 모습을 보면 항우에게 잔인하고 극악무도한 면만 있는 것은 아니었던 것 같습니다. 진심으로 항우를 걱정하는 우미인의 모습을 통해 보다 인간적인 항우의 모습을 짐작할 수 있기 때문이지요.

* 해답은 예시로 제시된 내용입니다.

왜 항우와 유방은 홍문에서 만났을까?

역사공화국 세계사법정 11

왜 항우와 유방은 홍문에서 만났을까?

ⓒ 신동준, 2010

초 판 1쇄 발행일 2010년 11월 19일
개정판 1쇄 발행일 2015년 1월 15일
      3쇄 발행일 2021년 10월 12일

지은이   신동준
그린이   안희숙
펴낸이   정은영

펴낸곳   (주)자음과모음
출판등록   2001년 11월 28일 제2001-000259호
주소   10881 경기도 파주시 회동길 325-20
전화   편집부 (02) 324-2347 경영지원부 (02) 325-6047
팩스   편집부 (02) 324-2348 경영지원부 (02) 2648-1311
이메일   jamoteen@jamobook.com

ISBN 978-89-544-2411-0 (44900)